주식시장에서 마음을 다스리는 10가지 방법

주식시장에서 마음을 다스리는 10가지 방법

© 이경윤, 2016

1판 1쇄 인쇄 __ 2016년 02월 20일
1판 1쇄 발행 __ 2016년 02월 25일

지은이 __ 이경윤
펴낸이 __ 홍정표

펴낸곳 __ 글로벌콘텐츠
　　　　등록 __ 제 25100-2008-24호

공급처 __ (주)글로벌콘텐츠출판그룹
　　　　대표 __ 홍정표 **이사** __ 양정섭 **디자인** __ 김미미 **편집** __ 송은주 **기획·마케팅** __ 노경민 **경영지원** __ 안선영
　　　　주소 __ 서울특별시 강동구 천중로 196 정일빌딩 401호 **전화** __ 02-488-3280 **팩스** __ 02-488-3281
　　　　홈페이지 __ www.gcbook.co.kr

값 15,000원
ISBN 979-11-5852-083-0 13180

주식시장에서 마음을 다스리는 10가지 방법

이경윤 지음

글로벌콘텐츠

우리에게 애덤 스미스는 『국부론』을 저술해 경제학을 창시하고 자본주의의 이론적 토대를 제공한 인물로만 비춰집니다. 그러나 스미스는 첫 저작물이자 마지막 저서인 『도덕감정론』을 통해 행복과 삶의 의미는 돈이 아니라는 걸 이해시키고 있음은 아이러니라 할 수 있습니다. 그가 살아 있더라면 오늘의 주식시장의 병폐는 왜곡된 자본주의만 있고 도덕감정론은 갖추지 못하고 있음을 비판할 것입니다. 이 책은 주식시장에서 균형을 회복하여 나 자신과 참여자들을 바라보는 방식을 변경시켜 그들과 어떻게 소통해야 하는지를 안내합니다.

이견직, 한림대학교 경영학과 교수

우리는 대박 환상을 보고 너무 쉽게 주식투자에 빠져듭니다. 그 과정과 결과에서 얼마나 만족하고 행복하였습니까? 그래서 이번에 출판하는 책은 주식을 처음 접하거나 원치 않는 손실로 마음고생하는 사람들, 주식매매에 중독된 사람들이 자신들의 문제점을 직시하고 해결하는 데 분명 도움이 되며, 계속 투자를 희망한다면 중독을 예방하고 건전한 투자의 길로 안내하는 처방전 같은 책입니다. 주식투자로 고통받고 고생하시는 많은 분들이 이 책을 보고, 조금이나마 치유되고 건강한 삶을 살아가기를 진심으로 바랍니다.

이준영, 14년간 주식투자 경력의 내담자

"먼저, 자신의 마음을 다스려라! 수익은 따라오는 선물이다."

주식투자를 하는 사람들에게 "딱~ " 맞는 말이다. 몸이 아픈 사람은 병원에 간다. 마음이 아픈 사람은 어디에 가야 하나?

그것도 주식투자 손실에서 비롯된 경우에는 더더욱 갈 곳이 막연하고 없다. 증권사나 애널리스트, 컨설팅 정보 전문가들은 본인 책임이 아니라고 하며 외면하는 현실 속에서 제 욕심에 빠져 허우적대거나 중독의 늪에 빠져 패가망신하기도 한다. 환경(자신, 기업, 주식시장)에 대한 이해와 종목선정, 리스크 관리 및 매매기법에 관한 기초지식조차도 없이 거래를 하다가, 엄청난 손해에 묻혀 심리적 장애인으로 전락하기 쉽다. 책의 내용 중 '개미의 소리, 분노'는 울분에 찬 여러분(개미) 자신의 목소리이기도 하다. 이 책은 주식으로 멍든 사람들에게 '마음 치유'의 방법을 알려줄 뿐만 아니라 긍정적인 '정서, 인지, 행동'이 형성되도록 하여 행복한 삶을 이루는 데 크게 도움이 된다. 무엇보다 건강한 투자자가 되기를 원한다면 건강검진처럼, 사전에 마음을 다스리고 내공을 키우는 주식투자의 지침서이기도 하다.

우건곤, 동아대학교 상담심리치료 박사과정, 전 한진중공업 IR담당 상무

주식시장이라는 외부환경에서 반복된 행위로 인해 나타난 내담자의 내면적 갈등을 상담과정을 통해 진단하고 객관화함으로써 자신의 문제를 스스로 자각하여 건강한 일상으로 돌아갈 수 있도록 돕는다는 점에서 의미가 크다고 할 수 있습니다. 주식시장에서 수익을 내보자는 순수한 의도로 참여했지만 원치 않는 손실로 인해 힘든 마음을 그동안 가족을 포함해 누구에게도 이야기할 수 없었는데 소개된 프로그램에는 가족이 함께 참여하여 내담자의 심정과 당면한 문제를 구체적으로 이해하고 해결방법을 찾는 따뜻한 상담을 제시하고 있습니다. 이 책을 통해 사회적으로 유용한 주식시장에서 건강한 투자자는 마음을 잘 다스려 중독되는 것을 사전에 예방하고, 원치 않는 손실로 어려움을 겪는 투자자의 마음은 건강하게 회복되는 계기가 되길 기대합니다.

조진향, 주식심리상담사

도박중독과 같은 행위중독의 문제를 치료하는 정신건강의학과 전문의로서 주식시장에서 큰 어려움을 경험하여 내원하시는 분들을 자주 만나게 됩니다. 그런데 안타까운 것은 정신건강의학과 심리학적인 측면에서 주식시장에 참여하는 투자자들에 대한 연구가 거의 없다는 점입니다. 주식투자자들은 고통을 받고 있는데 수익 중심의 시장과 자본주의의 논리로 고통에 대한 모든 책임을 참여자들에게 돌리는 것은 문제의 해결책이 아닙니다.

이런 측면에서, 참여자들의 내면세계에 포커스를 둔 진단과 회복 중심의 개념을 도입하는 것은 매우 의미 있는 일입니다.

이 책은 투자자 개인에게 관심을 갖고 주식투자 행위뿐 아니라 투자자의 내면세계를 입체적으로 진단하여 개개인에게 맞는 효과적인 프로그램을 제시하고 있습니다.

이 프로그램을 통해 고통중인 분들이 회복되고, 건강한 투자자가 늘어나며, 주식시장의 본래의 취지를 살릴 수 있기를 기대합니다.

최삼욱, 진심정신건강의학과 원장, 행위중독 저자, 전 을지대학교 중독재활학과 학과장

　따뜻한 세상을 만들기 위해 설립된 〈월드오버드림〉에 〈주식중독상담센터〉를 설립한 지 3년이 된 지금. 주식시장이라는 차가운 이름은 〈주식중독예방치유센터〉를 통해 많은 이들을 좌절과 벼랑 끝에서 건져내어 건강한 삶으로 회복시켰고, 이로 인해 차가워지고 깨어진 가정에 온기를 불어넣으며 따뜻하게 변화되어 왔습니다.

　전문지식을 통하여 완성되었지만 지식을 뛰어 넘고 숫자로 환산할 수 없는 생명의 가치를 전하는 이 책은 사막의 단비처럼 주식에 실패하고 낙망한 영혼을 살릴 것임을 확신합니다. 아울러 앞으로 주식시장에서 마음을 다스리는 방법을 배워 나가실 많은 분들이 차갑고 메마른 세상에 온기를 나누는 전도사가 되어 주시길 간절히 소망합니다.

임태호, 국제NGO 월드오버드림 이사장

주식시장에서 원치 않는 손실로 어려움을 겪고 있는

개인투자자와 가족들에게 이 책을 바칩니다.

먼저 마음을 다스려라, 수익은 따라오는 선물이다.

마음을 다스리지 않으면 손가는대로 주식을 하게 된다.

당신을 힘들게 하는 것은 손실 자체가 아니라

손실을 바라보는 당신의 마음이다.

당신을 흔들리게 하는 것은 정보가 아니라 마음이다.

자원을 생산하고 소비하고 분배하는 것이 경제이고, 경제주체에는 가계와 기업이 있습니다. 기업이 자본을 조달하는 시장이 주식시장이고 주식시장에서 자본을 조달해서 사업을 잘해 가계로 자본을 흐르게 하면 가계는 생존하고 소비를 하여 기업이 수익을 올리고 경제가 활성화됩니다.

주식시장으로부터 기업으로, 기업에서 가계로 자본이 흐르는 순환을 고려할 때 주식시장의 의미는 매우 큽니다. 주식시장이 무너진다면 기업이 무너지고 가계가 무너지고 이 세상이 무너질 수 있어 주식시장은 정부가 운영하는 공공재의 성격을 가지고 있습니다.

주식시장의 가장 큰손은 국민연금으로 약 100조 정도를 주식에 투자하여 그 수익으로 연금을 주기에 주식시장과 상관관계가 없는 사람은 거의 없다고 해도 과언이 아닐 것입니다.

정부가 국정운영을 잘했는지 주식시장의 상황을 보고 평가하고 매일

TV나 뉴스에 나올 정도로 중요한 주식시장에서 투자회사들은 책임을 지지 않으면서 수수료만 추구합니다. 일부 기업들은 투자회사들과 짜고 내부자정보를 이용해 수익을 올립니다.

대부분 손실을 보는 개인투자자들은 주변에 '절대 주식투자하지 말라'고 분노하고 있는 것이 현실입니다.

자동차회사 사장은 차를 개발하면 좋다고 타보라고 하며 자신이 먼저 시승하는 데 반해 자신이 만든 상품을 자신이 사지도 않고, 가족들에게도 사라고 권하지 않는 사람이 증권회사 사장이라는 말이 있을 정도입니다. 이렇듯 진실성이 심각하게 왜곡되어 있는 곳이 주식시장입니다.

이런 왜곡된 시장의 현실을 충분히 이해한다면 주식시장에서 개인투자자들이 수익을 얻는다는 것은 매우 어려운 일이라는 것을 인식하게 됩니다. 개인들이 수익을 얻기 어려운 가장 큰 이유는,

1. 주식시장에는 수익 중심의 외부환경에 관한 이야기만 있는 것이 현실입니다. 외부환경에 대한 이야기란 자동차로 말하자면, 이 차는 벤츠이고 이 차는 아우디고 이 차는 제네시스로 좋은 차니 한 번 타보라는 식입니다. 이렇듯 환경에 대한 이야기가 넘쳐 나고 있는 것이 현실입니다.

2. 실제로 운전을 해야 하는 개인투자자의 내면세계에 대한 진단과 회
   복과 성장에 대한 이야기는 전무한 실정입니다.

　차가 아무리 좋아도 운전자가 운전능력이 없다면 사고밖에 나지 않을
것입니다. 반대로 차가 아무리 나빠도 운전자의 실력이 뛰어나다면 안전
하게 운행할 수가 있습니다. 주식시장에는 운전자의 내면세계에 대한 이
야기가 전혀 없어 시장에서 아무리 좋은 정보를 들어도 그것을 개인투
자자 자신의 내면세계로 끌어와 자신의 것으로 전혀 만들지 못하는 상
태입니다. 이렇게 자신의 것이 없는 상태에서 행위를 하게 되면 원치 않
는 손실과 고통이 이어지는 악순환에 빠지게 됩니다. 이것이 주식시장
의 현실입니다.

　수익 중심의 외부환경 이야기만 있는 주식시장에 투자자에 대한 진단
과 회복의 개념을 도입하는 것이 매우 중요합니다. 이렇게 되면 투자를
하건 투자를 잠시 보류하건 모든 것이 자신의 책임하에 이루어지게 되어
주식시장에 건강한 투자자가 넘쳐나고 주식시장 본연의 의미를 살리게
될 것입니다. 이를 위해 반드시 필요하다고 판단되는 내용을 다음과 같
이 크게 5가지 파트로 구성했습니다.

　첫째, 주식시장에서 수익을 원하는 열망이 크지만 대부분 원치 않는
손실로 어려움을 당하고 있는 개인투자자들의 가장 솔직한 표현을 '개
미의 소리'라는 제목으로 실었습니다.

각각의 내용은 1. 개인투자자들의 10가지 카테고리 행위, 2. 내면 및 외면의 8가지 심리상태, 3. 인지행동 5가지 메커니즘을 입체적으로 적용한 800가지 케이스 중 해당되는 부분에 대해 언급하였습니다.

개미의 소리 외에 10가지 카테고리에 해당하는 실제적인 기본사례들에 대해서도 개미의 소리와 동일하게 800가지 사례 중에 해당되는 부분에 대해 언급하였습니다.

이런 사례는 순수한 마음으로 주식시장에 참여했다가 힘들게 된 자신의 문제들을 현실적으로 직시하는 데 도움이 될 것입니다. 자신의 문제들을 있는 그대로 볼 수 있다면 이는 효과적인 해결방법을 찾는 데 큰 도움이 됩니다.

둘째, 주식시장의 올바른 이해에 대해 설명하고 있습니다.

주식시장 참여자들의 각자 입장과 처한 현실을 이해하고 매일 9시 뉴스에도 나오고 신문에도 나오고 정부도 관리하는 주식시장이 본래 취지에도 불구하고 왜곡된 구조 속에서 어떻게 개인투자자들만이 고통을 받는 상태로 갈 수밖에 없는 현 상황이 되었는지 이해하게 됩니다. 이러한 이해는 자신이 왜 그토록 힘들 수밖에 없었는지를 올바르게 이해할 수 있도록 도울 것입니다.

주식시장 전체에 대한 이해를 바탕으로 주식시장에서 이루어지는 개인투자자들의 투자 행위를 10가지 카테고리로 분류하여 각 카테고리 별로 꼭 알아야 할 내용을 정리하였습니다. 이렇게 정리된 내용을 여러 번 정독하면 마음을 다스리는 건강한 투자자가 되는 데 큰 도움이 됩니다.

셋째, 주식투자자의 행위 메커니즘에 대해 설명하고 있습니다.

주식투자자 행위 메커니즘이란 투자자가 10가지 카테고리별로 투자 행위를 할 때 주식시장의 외부환경과 투자자의 내면세계가 어떻게 연결되어 있는지에 대해 설명하는 것입니다. 자동차를 예로 든다면, 외부환경인 자동차와 운전을 하는 운전자의 심리상태가 어떻게 연결되어 있는지를 보여 주는 것입니다. 주식투자자의 행위 메커니즘에 대해 완전하게 이해한 후 설명을 할 수가 있다면 지금까지 주식시장에 참여했던 자신의 가장 큰 문제점이 무엇인지를 분명하게 발견하게 될 것입니다. 이는 주식시장에 대한 새로운 시각과 통찰을 줄 것입니다.

넷째, 진단과 마음 다스리는 프로그램에 대해 설명하고 있습니다.

자가 진단 및 세부 진단은 주식투자자의 10가지 행위 카테고리와 심리상태 및 내면의 행위 메커니즘이 어떤 상관관계를 가지고 있는지 800가지 케이스로 보여 줍니다. 이 진단 결과를 통해 자신의 문제점을 입체적으로 보게 됨으로써 과거와 현재를 제대로 짚어보고 앞으로 어떻게 할 것인지에 대해 보다 효과적으로 고민하도록 도울 것입니다.

이러한 고민은 자신의 문제점을 보완하여 계속 투자할 것인지 아니면 잠시 주식투자를 끊고 재활한 후 투자 행위를 계속할 것인지를 결정하는데 매우 유용할 것입니다. 문제점에 대한 정확한 진단과 고민을 통해 마음을 다스리는 세부 프로그램에 참여했을 경우 어떤 성과가 있는지에 대해 설명함으로써 효과적인 판단을 하도록 돕게 됩니다.

다섯째, '주식심리상담사' 자격과정에 대해 소개하고 있습니다.

이미 주식시장에 수익을 얻기 위한 여러 자격증이 존재합니다. 하지만, 기존 자격증은 수익 중심으로 투자자를 유도할 수밖에 없는 구조적인 문제로 인해 투자자들을 힘들게 하는 문제점을 보여 주고 있습니다. 이러한 문제점을 보완하여 주식시장 본래의 취지를 살리고 건강한 투자자가 되도록 돕는 주식심리상담사 자격과정에 대해 소개하는 내용을 실었습니다.

주식심리상담사 자격은 주무부처를 금융위원회로 한국직업능력개발원에 등록된 자격과정입니다. 진단과 회복을 돕는 주식심리상담사 자격 자체만으로 그 의미가 크지만 수익 중심의 기존 자격증과도 시너지가 큰 자격입니다. 수익 중심의 증권 관련 기존 자격증이 밥이라면 진단 중심의 주식심리상담사 자격증은 반찬이라고 할 수 있을 정도로 서로 호환되는 성격을 가지고 있습니다.

주식시장에서 손실을 줄이고 싶은 투자자의 경우 주식심리상담사 자격을 획득한다면 매우 유용할 것입니다. 주식시장에서 어려움을 겪었던 투자자들이 자신의 힘들었던 경험과 지식을 통해 다른 사람을 돕고 살리고자 한다면 주식심리상담사 자격은 또한 매우 유용할 것입니다.

자신이 직접 모든 것을 해결해야 하는 다른 자격과 달리 진단과 평가,

세부 프로그램이 모두 구비되어 있어 주식투자 경험이 전혀 없는 사람일지라도 자격과정을 획득하면 전문가로서 활동할 수가 있습니다. 일반 심리상담사의 경우 의미는 크지만 경제적인 동기를 만족시킬 수 없는 한계를 가지고 있지만 주식심리상담사 자격은 거대한 주식시장이 이미 존재하고 있어 경제적인 동기와 도덕적인 동기를 모두 만족시킬 수 있습니다.

이 책은 진단과 마음 다스리는 프로그램에 대해 설명하고 있습니다. 이는 첫째, 독립적인 투자가가 되거나, 둘째, 주식을 끊거나 재활을 한 후 다시 주식투자에 복귀하도록 돕는 두 가지 길 중에서 하나를 효과적으로 선택할 수 있도록 명쾌하게 도울 것입니다. 이러한 시도는 국·내외 최초의 사례가 될 것이며, 수백만 명이 원치 않는 손실로 고통받는 주식시장의 근본적인 문제점을 해결하고 시장에 건전한 투자자가 많아져 개인, 투자회사, 상장기업, 정부 등 이해관계자 모두가 이득을 보는 대안을 제시하게 될 것입니다.

이 책이 나오기까지, 주식시장에서 수익 중심의 책을 기획하였다가 취소하고 이 책의 출간을 전격적으로 결정하시고 수고를 아끼지 않으신 글로벌콘텐츠출판 그룹의 홍정표 대표님과 직원들께 먼저 진심으로 감사를 드립니다.

바쁜 중에도 책 출간의 취지에 공감해 주시고 시간을 내어 자신의 전문 분야에서 바라 본 시각으로 흔쾌히 추천의 글을 써 주신 우건곤, 임태호, 이견직, 이준영, 조진향, 최삼욱 님에게 진심으로 감사를 드리고,

지금까지 자신의 일처럼 함께 울고 함께 웃으며 동고동락한 김병희, 김신학, 박양수, 이준일, 차장호, 홍광락 님께도 마음 다해 감사를 드립니다.

무엇보다도 어떠한 형편과 처지에서도 한결같은 마음으로 지지자가 되어준 사랑하는 아내와 눈에 넣어도 아프지 않을 두 자녀와 함께 오늘의 기쁜 마음을 함께 나누고 싶습니다.

2016년 1월

이경윤

CONTENTS

Part 1

개미의
소리

개미의 소리

1. 사례분석 방법 및 의미

　개미의 소리는 개인투자자들이 주요 포털 개별종목에 적은 댓글을 다소 자극적이고 거친 표현들이 많음에도 불구하고 이해를 돕기 위하여 표현한 글들을 그대로 모아 놓은 것이다.[*] 각 개미의 소리에 담겨져 있는 개인투자자의 상태는 아래에 설명된 10가지 행위 카테고리, 심리상태 및 인지행동이 결합된 입체적인 방식으로 평가되었다.

　800가지 경우의 수로 평가된 개미의 소리 개별 사례를 통해 개인투자자들을 입체적으로 바라볼 수 있게 되고 이를 통해 자신의 행위와 내면세계의 상관관계를 깊이 생각해 봄으로써 마음을 다스릴 수 있는 방법을 배울 수 있을 것이다.

---

[*] 여기서 제시된 댓글의 사례들은 일부를 제외하고는 속어·은어·욕설 등도 그대로 실었습니다. 현장감을 살리기 위한 것으로 독자 여러분의 이해를 구합니다(편집자 주).

1) 주식투자자 행위 카테고리 10가지에 대한 설명

① 나 자신: 주식시장에서 나 자신 카테고리에 대한 내면의 반응 이해

② 기업: 주식을 발행하는 원천인 기업 카테고리에 대한 내면의 반응 이해

③ 주식시장: 외부환경 중 주식시장 카테고리에 대한 내면의 반응 이해

④ 종목선정: 개별행위 중 종목선정 카테고리에 대한 내면의 반응 이해

⑤ 매매타이밍: 개별행위 중 매매타이밍 카테고리에 대한 내면의 반응 이해

⑥ 자산배분: 개별행위 중 자산배분 카테고리에 대한 내면의 반응 이해

⑦ 리스크 관리: 개별행위 중 리스크 관리 카테고리에 대한 내면의 반응 이해

⑧ 매매기법: 연결행위 중 매매기법 카테고리에 대한 내면의 반응 이해

⑨ 전환과 제한: 연결행위 중 전환과 제한 카테고리에 대한 내면의 반응 이해

⑩ 매매일지: 연결행위 중 매매일지에 대한 내면의 반응 이해

2) 내면 심리상태 4가지에 대한 설명

① 불안: 특정한 대상이 없는데도 막연히 안 좋은 일이 생길 것 같은 정

서적 상태로 안도감이나 확신이 상실된 상태

② 우울: 지나간 행위나 일에 대한 반성과 현실적이지 못하거나 실현될 가망성이 없는 것을 그려보며 생기는 가벼운 슬픔

③ 분노: 예상되는 목표를 얻는데 방해받거나 자존심이 상한다고 느낄 때 분개하며 외부상황 또는 자신에게 화가 나는 상태

④ 내성: 종전과 같은 만족을 경험하기 위해 더 강한 강도나 더 많은 자극을 필요로 하는 것 또는 동일한 활동으로 종전과 같은 효과를 얻지 못하는 현상

3) 외면 심리상태 4가지에 대한 설명

① 회피: 혐오감을 주는 자극이 존재하지 않지만 미리 특정행동을 함으로써 혐오자극이나 상황을 발생하지 않게 되는 경우

② 굴복: 사실이나 상황을 인정하지 않으면서도 힘이 없어서 심리적 저항이나 거부하는 행위 없이 받아들이는 것

③ 반격: 주변에서 인정받지 못하거나 잘못된 행위로 인해 부정적인 결과가 나왔는데도 인정하지 않고 오히려 동일한 행위를 강화하는 것

④ 장애: 정신능력의 결함 등으로 주체적 행동을 할 수 있는 인간적 능력이 약화 또는 손실되어 정상적 생활이 곤란하거나 불가능한 상태

4) 인지행동 메커니즘 5가지

① 지식: 통찰, 즉 깨달음으로 인간이 생존을 위해 생각하고 감정을 느끼고 행동하기 위해서 필요한 가장 근본적인 자신만의 것이다. 이는 외부의 자극에 대해 반응을 하도록 주로 어릴 적에 배움과 경험을 통해 자신 안에 새겨져 있는 것이다. 한 예로, '빨간 신호등에서는 건너면 안 된다'는 것은 지식의 예이다.

② 믿음: 행동을 하기 전에 확신을 갖는 것으로 사람은 지식을 기반으로 믿음과 확신을 갖게 된다. 한 예로, '빨간 신호등에 건너면 죽을 수 있다'는 믿음이 있다.

③ 생각: 믿음과 확신을 기반으로 사람은 생각을 하게 된다. 예를 들어, 빨간 신호등이 켜지면 '건너면 안 된다'고 생각을 하게 된다.

④ 감정: 생각에 따라 감정을 느끼게 된다. 예를 들어, 빨간 신호등인데 누군가 건너는 것을 보게 되면 '교통법규를 안 지키면 안 되는데' 하는 감정이 커진다.

⑤ 행위: 감정에 따라 행위가 이루어진다. 예를 들어, 빨간 신호등에 건너는 사람을 보게 되면 감정이 격해지며 그러지 말라고 손가락질하는 행위를 하게 된다. 단순히 환경은 빨간 신호등으로 바뀌었는데 사람은 지식과 믿음을 근거로 생각하고 감정하고 행위를 하게 되는데 이를 인지행동 메커니즘이라고 한다.

2. 10가지 카테고리 별 개미의 소리 분석

　각 각의 개미의 소리를 앞에서 언급한 사례분석 방법을 통해 분석한 후 10가지 행위 카테고리로 분류하여 각 카테고리에 해당되는 것들을 모아 놓았다.

카테고리 1 　나 자신
해당사항의 내용은 앞의 '1. 사례분석 방법' 참조

①

욕심은 하늘을 찌르고.

일확천금에 눈이 어두워 언제나 눈은 벌그스름.

혹 빠져나갈지도 모를 반대매매를 생각하니...

진짜 잠이 안 오는구나.

구분	10가지 행위	4가지 내면상태	4가지 외면상태	5가지 인지행동
해당사항	나 자신	불안	장애	믿음

2

올라도 내려도 가슴이 뛰고 걱정되네.

불안증세가 날로 심해지는데...

해결할 수 있는 방법이 없습니다...?

구분	10가지 행위	4가지 내면상태	4가지 외면상태	5가지 인지행동
해당사항	나 자신	불안	장애	감정

3

언제나 오려나.

손꼽아 기다려도.

기다리던 내님은 소식이 없고.

오토바이 소리에 나가 보니 이자납입 차압증서 날아 왔네.

아마도 이내 몸이 편히 쉴 곳이 없는 것이 처량하구나.

구분	10가지 행위	4가지 내면상태	4가지 외면상태	5가지 인지행동
해당사항	나 자신	불안	장애	생각

4

전문가도 오락가락

개미들은 눈만 멀뚱멀뚱.

원금은 점점 멀어져 가고.

아아 슬프구나.

구분	10가지 행위	4가지 내면상태	4가지 외면상태	5가지 인지행동
해당사항	나 자신	불안	굴복	믿음

5

여윳돈 다 잃고

집 담보대출 받았는데...

화장실 갈 시간도 없는데.

모니터만 바라보고 있는데

구분	10가지 행위	4가지 내면상태	4가지 외면상태	5가지 인지행동
해당사항	나 자신	불안	장애	행위

6

이래도 안 되고 저래도 안 된다.

정신은 멍하고 어리바리하다.

순간에 백만 원을 잃고도 무감각한데.

재래시장에서 500원을 깎으려 하는 나의 행동이 의심스럽네...

구분	10가지 행위	4가지 내면상태	4가지 외면상태	5가지 인지행동
해당사항	나 자신	내성	굴복	생각

7

주식이 나를 꼬시어 샀으니...

떨어진들 누굴 탓하랴.

이번 주 더 떨어지면 반대매매 온다.

모든 게 내 탓이다.

구분	10가지 행위	4가지 내면상태	4가지 외면상태	5가지 인지행동
해당사항	나 자신	내성	굴복	생각

8

내 인생 가장 후회되는 일이 주식에 손댄 것이다.

건강도 잃고 돈도 잃고...

내 주변 주식하려는 사람이 있으면 도시락 싸들고 다니면서 말리고 싶다.

단언컨대 개미들에게 있어 주식은 도박이다.

하지 말아야 할 것은 보증만이 아니다...

특히 초보 분들 한 번 줄 때 감사히 드시고 미련 없이 떠나시길...

비싼 수업료내고 깨달은 것임다.

오래 있으면 반드시 폭락 한 번 경험할 겁니다...

곳곳에 지뢰가 묻혀 있지요 재수 없게 밟으면... 죽습니다.

건강한 생활을 하시려면 욕심을 버리든지 주식을 끊든지...

구분	10가지 행위	4가지 내면상태	4가지 외면상태	5가지 인지행동
해당사항	나 자신	우울	굴복	생각

일명 고수라고 하는 분들...

특히 300,000원 이상 받고 리딩하시는 분들 각성하세요.

그렇게 자신 있으면 친인척 사돈에 팔촌까지 집 팔고 땅 팔고

융자에 미수 받아서

조용히 매수하라고 하세요.

힘없는 개미들보고 사라사라 선동하지 마시구여...

당장 내일도 모르는 주식시장을 뭘 믿고...

님께서 개미들 손해 보면 손실 복구 보증하나요?

쌈짓돈이라도 있을 때 포기하시고

구분	10가지 행위	4가지 내면상태	4가지 외면상태	5가지 인지행동
해당사항	나 자신	분노	반격	감정

10

개똥 같은 테마주나 상한가 급등주 매매에 아파트 한 채 날리고 신세 타령하며 저녁엔 라면으로 끼니를 때워야 합니다.

구분	10가지 행위	4가지 내면상태	4가지 외면상태	5가지 인지행동
해당사항	나 자신	분노	굴복	감정

(11)

주식을 뭣 모르고 하다가 너무 많은 피해를 입었네요.

주식에 미쳐 회사도 잃고 투자가 아닌 투기를 한 제가 한심스러울 따름입니다.

아내와 아들에게 미안해서 집에도 못 들어가고 가지고 있는 돈은 바닥이 보이고 정말 죽고 싶은 심정입니다. 이 추운 겨울 아직도 많이 남았는데 어떻게 지내야 할지 추운 겨울 견딜 수 있게 조금이나마 지원 부탁드립니다.

주식에 개털된 폐인을 불쌍히 여기시고 제발 .....

농협 302-0700-xxxx-21

구분	10가지 행위	4가지 내면상태	4가지 외면상태	5가지 인지행동
해당사항	나 자신	우울	굴복	감정

12

대량공매도 나왔다 빨리 털어 당분간 못 간다

시련의 시기 좋게 얘기하면 내공강화ㅋㅋ

세력이 불개미 털고 매집하려는 과정일지 말 그대로 털고 빠져 나가는

건지.

구분	10가지 행위	4가지 내면상태	4가지 외면상태	5가지 인지행동
해당사항	나 자신	불안	장애	믿음

13

손절을 해도...

내일 있잖아~~

또 손절을 해도...

내일 있잖아~~~

항상 긍정을 하며 내 영혼을 주식시장에 맡긴다.

그러는 사이 통장 잔고는 바닥을 향해 달린다.

지금 손해 보고 있는데...

조용히 쉬고 싶다.

구분	10가지 행위	4가지 내면상태	4가지 외면상태	5가지 인지행동
해당사항	나 자신	불안	장애	감정

1

오늘 허벌나게 때리네... 쩝...

하나대투 레포트... 각 증권사가 내 놓았던거...

완전 재탕 삼탕한건데...

그거 하나 나왔다고... 기다렸다는 듯이 이렇게 무차별 매도여!!

이 잔개미 대가리로는 좀 이해가 안 되여!!! 쩝...쩝...

구분	10가지 행위	4가지 내면상태	4가지 외면상태	5가지 인지행동
해당사항	기업	문노	빈격	감정

이번 달은 주가가 오르기에 웬 일?

대주주가 물량 줄일려고 잠시 올렸었구먼?

대주주 32.66%에서 30.1%로 줄였네

대략 21만주 좀 넘게 팔아 치웠구만

잘한다 적자누적인데 몰래 주식이나 처분해서라도

돈은 챙겨야 하니까 이해는 된다!!!

회사 앞날이 어떻게 되는지 이제 알겠구만!!!

알면서도 난 또 투자하겠지!!!

구분	10가지 행위	4가지 내면상태	4가지 외면상태	5가지 인지행동
해당사항	기업	분노	굴복	지식

③

멍 때린다.

대구 월암동 엄청 막히더군요

그렇지 않아도 엄청 열 뻗쳐 있는데

차가 막히니 더더욱 열 받았었죠

주차장에 내려가니 차댈 데가 없어서 폭발 직전

아무데나 차 세워놓고 1층 로비로 가니 인포메이션 아가씨가

무슨 업무 때문에 오셨나요?

그러길래

소액수수인데요 담당자 좀 만날 수 있을까요.

라고 하니

그 아가씨가 미소지으며 하는 말

사람들이 많이 찾아오는데 예전회사가 그 회사인가보네요.

구분	10가지 행위	4가지 내면상태	4가지 외면상태	5가지 인지행동
해당사항	기업	분노	반격	감정

④

니미 액면가 5,000원짜리가 2,900원대면 이게 쓰레기지 주식이야

쓰발 혈압만 오르네 으윽 알면서도 엮이는 난 불개미...

구분	10가지 행위	4가지 내면상태	4가지 외면상태	5가지 인지행동
해당사항	기업	분노	장애	믿음

⑤

이번 유상증자는 개미 털어서 대주주와 은행 지원하기 위한 것.

인수하려는 기업에게 싼 값에 유상증자에 참여하게 하고 기존 대주주

지분을 비싸게 팔려는 것이죠.

동양증권 대주주인 동양이 가지고 있는 지분을 비싸게 팔아야만이

동양의 부실이 줄어들고

그러면 은행의 부담이 적어지죠.

소액주주 털어서 대기업 은행 먹여 살리는 창조경제입니다.

개미들 죽는다고 티가 나나요?

구분	10가지 행위	4가지 내면상태	4가지 외면상태	5가지 인지행동
해당사항	기업	불안	장애	감정

6

개미들을 위해 바쁘지만 한마디 합니다.

유증과 감자로 버텨온 회사입니다.

연속된 적자와 연속된 자본잠식... 결국 영업방식은 수익구조와 무관하고 오직 할 수 있는 건 거래소 상장을 이유로 유증과 배정. 이런 거죠. 사채업자까지 들어와 있고, 어떡하면 회사 팔아 크게 한탕할까만 생각하는. 온갖 꼼수만 늘었군요.

사실 이런 회사는 주주에게 이득이 될 이유가 없습니다.

거래소의 허점을 교묘히 넘기려만 하는 회사니까요.

구분	10가지 행위	4가지 내면상태	4가지 외면상태	5가지 인지행동
해당사항	기업	불안	장애	지식

니들은 개 코딱지 가지고도 증권사라 티내는데.

회사에 주가 관리하는 주담이 없냐?

회사에 아무리 전화해도 받지는 않고...

주담이라는 인간이 전화기 코드를 뽑아 놨는지...

찾아가서 개 진상처럼 횡포를 부려 줘야 하냐?

구분	10가지 행위	4가지 내면상태	4가지 외면상태	5가지 인지행동
해당사항	기업	분노	반격	감정

1

조선일보에 2013년도 주식에 투자한 국민연금과 증권회사의 추천종목이 손실났다고 대문짝만하게 실렸습니다.

리딩회사의 추천종목도 매수자의 생각대로 움직여주지 않습니다.

세계정세에 밝은 외국인들에 의하여 주식시장이 출렁입니다.

매수량과 매수금액을 알면 결과를 예측할 수 있는 프로그램도 조작이 가능합니다.

이러할진대 개미들이 누구 빽 믿고 수익내기를 기대하나요.

간혹 수익내는 사람들도 있겠지만 5년 버티기 어렵습니다.

지금 손해를 보고 계시다면 망설이지 말고 잃어도 될 돈으로 주식들 하세요.

구분	10가지 행위	4가지 내면상태	4가지 외면상태	5가지 인지행동
해당사항	주식시장	불안	굴복	믿음

2

어느 나라나 어느 사회나 반대세력은 있는 법.

그러니 민주주의 국가죠.

100% 똑같은 마음 강요하는 건 독재국가죠.

대한민국은 건전한 민주주의 국가라는 방증이죠.

반대하는 분들도 서서히 맘을 돌리겠죠.

그러나 한마디 해야겠다.

개미 등쳐 먹고 중독자 만드는 기관 개색이들...

구분	10가지 행위	4가지 내면상태	4가지 외면상태	5가지 인지행동
해당사항	주식시장	분노	반격	믿음

3

아직도 상폐되지 않았네.

정치테마에 엮여서 내 돈 다 날린 주식

개미들 무덤 속으로 다 전사 개미핥기가 다 흡입해서 개미들 아작 났지

아마 한강 간 사람도 있을걸~~~

300원이 뭐야 동전 개밥그릇에나 던져라~

땡그렁 갈 때까지 간 모양이다. 그때 생각하면 열불난다

지금은 우량주에만 돈넣고 돈먹기한다~

불쌍한 개미들...

구분	10가지 행위	4가지 내면상태	4가지 외면상태	5가지 인지행동
해당사항	주식시장	분노	굴복	생각

4

정말 죽고 싶습니다.

주식으로 전 재산이던 2억을 전부 다 날리고 말았습니다.

주식 실패한 사람들이 왜 한강을 가서 자살을 하는지 이제야 이해가

되더군요.

시금은 ㅗ서 주식을 시작하기 전인 5년 전으로 돌아가고 싶은 마음뿐

입니다.

하지만 이미 지나가버린 시간 영원히 불가능하겠죠? 이제 와서 후회하

면 뭐하나요...

그저 그냥 하루라도 빨리 죽고 싶은 마음뿐입니다.

현재 2살, 4살, 6살난 아이들이 셋이 있습니다.

지금 돈이 없어 아기들 분유도 못 먹이고 있습니다...

현재 반지하 빌라 월세에 살고 있는데 지금 월세도 못 내서 쫓겨날 처

지에 있습니다.

난방할 돈도 없어서 지금 저희가족은 반지하방에서 서로 이불 싸매서 꼭 껴안은 채 힘겨운 겨울을 나고 있습니다.

곧 여기서 쫓겨나면 처와 아이들과 함께 저희 다섯 식구 길거리에 나앉을 생각하니 정말 앞길이 막막합니다...

정말 저는 하루라도 빨리 이 괴로운 세상을 그냥 떠나고 싶은데
불쌍한 처와 아이들을 생각하면 정말 도저히 발걸음이 안 떨어집니다.
인생 제일 밑바닥 끝이 바로 이런 것이구나 하고 절실히 느낍니다

현재 가진거라곤 몸뚱아리 하나밖에 안 남아 있는 저로써는 그냥 하루벌이 막노동으로 힘겹게 살고 있는데
하루 일당 6, 7만 원 가지고는 저희 다섯 식구가 살아가기에는 너무나 벅차고 힘이 드는군요
그것도 한 달 내내 매일매일 일이 있는 것도 아니구요... 몸이라도 조금 아픈 날은 너무나 힘듭니다.

와이프도 저랑 같이 일을 하고 싶지만 몸이 지금 많이 아파 현재 일을 하지 못하는 상태입니다.
정말 하루하루 사는 게 너무나도 힘들고 지옥 같습니다...

정말 죽고 싶은 마음뿐입니다...

제가 다시 일어서 재기할 수 있도록 저에게 마지막 희망을 좀 조심스럽게 부탁드려 봅니다.

정말 마지막 지푸라기라도 잡는 심정으로 용기 내어 글 올립니다...

저에게 세상은 그래도 살아 볼 가치가 있다는 희망과 용기를 불어넣어 주세요.

염치없는 짓인 거 알지만 그래도 아이들에게 만큼은 부끄럽지 않은 떳떳한 아빠가 되고 싶습니다.

저희 아이들에게 세상엔 그래도 아직 따뜻하신 분들이 많다는 걸 알게 해 주고 싶습니다.

신한 110-xxx-xxxx-670070 그저 조금이라도 도움주신다면 정말 이 은혜 평생 잊지 않도록 하겠습니다... 전 재산 날린 이리석은 자

구분	10가지 행위	4가지 내면상태	4가지 외면상태	5가지 인지행동
해당사항	주식시장	우울	굴복	행위

5

게시판 글들을 보니 정상인 듯 보이지만 비정상적인 중증의 개미들이 많은 것 같다.

다리는 풀려 있고 눈동자는 흐리멍텅하고 모이를 쪼는 듯 마는 듯 초점을 상실하니 이 내 몸은 앞뒤로 뒤뚱이며 서 있기도 버겁다.

술 먹은 모양으로 무슨 배짱인지 될 대로 되라는 식이다.

회사에서 불성실 공시함에도 정신은 몽롱하니 철새 따라 왔다리 갔다리 하고…

오늘도 가고 내일도 가니 미련한 개미들은 죽을 날도 모르네.

구분	10가지 행위	4가지 내면상태	4가지 외면상태	5가지 인지행동
해당사항	주식시장	우울	굴복	생각

6

공부 많이 했지만 어디 주식이 내 맘대로 움직이던가.

손절을 하고 항상 긍정을 뇌깔여도 보지만

통장속의 잔고는 바닥을 향한다.

하나밖에 없는 소중한 내 영혼!!!!

더 늦기 전 새 삶을 살아야겠다.

구분	10가지 행위	4가지 내면상태	4가지 외면상태	5가지 인지행동
해당사항	주식시장	불안	회피	감정

7

카드 빚내고 마이너스하고 씨벌 내가? 다!!

억울하다 분하다!

주식 다시는 쳐다도 안 본다!

하면서도 다시 들어가길 몇 차례인지??

불개미를 양산하는 이 더러운 도박 잡탕!!

퉤퉤!!!!!

구분	10가지 행위	4가지 내면상태	4가지 외면상태	5가지 인지행동
해당사항	주식시장	분노	반격	감정

8

전문가도 오락가락.

가슴은 쿵닥쿵닥.

오르는 장에서도 손절하고 이게 뭡니까~~~

주식은 약 먹어도 안 되고.

날 구해 줄 천사 어디 없느뇨.

구분	10가지 행위	4가지 내면상태	4가지 외면상태	5가지 인지행동
해당사항	주식시장	불안	장애	감정

9

내일부터는 주식 안 본다. 씨발.

올리든 내리든 알아서 해라.

돈 많이 벌어 쳐묵어라.

개미들 고혈과 신음이 진동하고 있다.

구분	10가지 행위	4가지 내면상태	4가지 외면상태	5가지 인지행동
해당사항	주식시장	분노	반격	감정

10

이제 그만 때려치고 싶다.

진짜 징글징글하다.

진절머리가 난다.

근데도 왜 때려치지 못하나~

이 불쌍한 인생이여~

개 같은 종목 아주 잠깐 발 담궜다가 좆됐네

똥물이였네 ㅅㅂ

구분	10가지 행위	4가지 내면상태	4가지 외면상태	5가지 인지행동
해당사항	주식시장	분노	반격	감정

11

이젠 국민들의 신용 점점 멀어지는구나...

사상 초유의 개인정보 유출로 인해 카드사는 짐 날리 났네요..

체크카드로 인해 은행도 전화 불통이고...

암튼 개인정보 유출된 분은 체크카드 등록된 통장 / 신용카드 등록된 인출계좌 통장

카드 다 재발급 받으라는데...

타 은행으로 이번에 갈아타는 게 좋겠네요...

다른 카드야 원래 그런 줄 알았는데...

니넨 뭐했니??? 그동안 직원들 성과급 잔치나 하고...

우리도 나름 사고팔았는데 주가는 더 떨어지고 죽갔네...

구분	10가지 행위	4가지 내면상태	4가지 외면상태	5가지 인지행동
해당사항	주식시장	불안	장애	행위

12

회사 주식 장사하는 전형적인 사기꾼 회사이네.

작년에 1,250원일 때 털었는데 계속 지켜보니 주식 팔아서 돈 챙길려는 전형적인 사기꾼 회사이네.

적자는 계속나고, 빨리들 털으라고 했는데도 왜 사는거야 ㅂㅅ

구분	10가지 행위	4가지 내면상태	4가지 외면상태	5가지 인지행동
해당사항	주식시장	분노	장애	생각

불개미들 다 타 죽는구만

내가 뭐라카더노 들어가면 타죽는다고 안하더나.

오늘도 용감히 돌진하거라 용감한 불개미들이여~~

육이오때 난리는 난리도 아니네.

완전 피터지네~~~~~

불쌍한 불개미들~

구분	10가지 행위	4가지 내면상태	4가지 외면상태	5가지 인지행동
해당사항	주식시장	불안	장애	믿음

1

이 머저리 회사는 지수가 올라도 떨어지네. 누가 거들떠보지도 않네.

기관, 외국인은커녕 개미새끼 코빼기도 안 보이네..

에라 쌍놈어 주식.

구분	10가지 행위	4가지 내면상태	4가지 외면상태	5가지 인지행동
해당사항	종목선정	불안	반격	감정

2

역시 영화주는 개미들 낚아내기 엄청 쉽네 ㅋ

개미놈들 무슨 영화 어떤거 개봉해서 호재성으로 알려지면

입에 거품물고 개나소나 달려드니 ㅋㅋㅋㅋ

너도 나도 이 주식판에서 아는 정보가지고 들이대니 공매도세력과 기

관외국인 밥이 되지.

개미들이 득실대고 찬티들이 짖어대는 곳은 웬만하면 피해라 ㅋㅋ

구분	10가지 행위	4가지 내면상태	4가지 외면상태	5가지 인지행동
해당사항	종목선정	분노	반격	믿음

③

이 종목은 신용물량 증가와

외인 기관 매도로

일반 개투들만 박터지기 혈투전 죽은 주식

개투들 들끓는 종목 매수해 보아야 재미없음

개투들이 손실로 모두 던져 빠져나가야 승산 있음

아따~~~ 호구들만 들끓는군.

구분	10가지 행위	4가지 내면상태	4가지 외면상태	5가지 인지행동
해당사항	종목선정	분노	반격	믿음

④

이깟 개잡주에 먼 이유가 있남..

오르면 걍오르는거고..

내리면 걍내리는거지 먼개소리들이야..

작전주에 적자회사에 곡소리남. 알면서도 틸리고 있는 개미들...

아이고//////ㅋㅋㅋㅋㅋ

구분	10가지 행위	4가지 내면상태	4가지 외면상태	5가지 인지행동
해당사항	종목선정	분노	반격	감정

5

옆동네 친구 눈치 보면서 호객꾼들 모아놓고

실망 매물 유도하면서 수익 챙기네..

고론 수법에 이용당한 단타들의 한 주간 손실이 크기만허네 허허~

구분	10가지 행위	4가지 내면상태	4가지 외면상태	5가지 인지행동
해당사항	종목선정	불안	굴복	생각

6

불개미들 왕창 산걸 보니 쭉쭉 빠지겠네.

형님들이 불개미들 수익나게 내버려 두겠나?

오늘 매수한 불개미들은 피똥 한 번 싸겠네.

구분	10가지 행위	4가지 내면상태	4가지 외면상태	5가지 인지행동
해당사항	종목선정	불안	장애	생각

7

정말 차트가 아깝네요...

저도 버텨보려고 했지만 일단 소나기는 피하고 봐야 할 것 같아서 정리했습니다.

조사가 1~2달은 가지 않을까요?

아무리 정기 세무조사 때가 되었다고 하지만 사전에 알리지도 않고 새벽에 압수했다는 것은 뭔가 건수를 잡았다는 이야기가 아닐까요?라는 불안심리를 떨쳐내기가 힘들었습니다.

불안하면서도 자꾸 매도 매수해야 하는 신세가 더 불안하네요

구분	10가지 행위	4가지 내면상태	4가지 외면상태	5가지 인지행동
해당사항	종목선정	불안	장애	믿음

8

여기서 잘 먹고 가면 뭐해요

다른 데 가서는 토해 낼 건데

주식 단타의 끝은 텅 빈 잔고뿐이란 걸

다들 잘 알고 있을 건데요

구분	10가지 행위	4가지 내면상태	4가지 외면상태	5가지 인지행동
해당사항	종목선정	분노	반격	감정

9

외국인이 담을 때 파는 개미들 주식시장은 변하지 않는다

개미만 털릴뿐이다. ㅋㅋ

구분	10가지 행위	4가지 내면상태	4가지 외면상태	5가지 인지행동
해당사항	종목선정	내성	반격	생각

10

불법 저지르고 빼먹을 것 다 빼먹고 이제 쓸모가 없으니 버리다니...

일단 저의 증권계좌는 우리투자증권이 아니라 공개매수 신청하려면 기존 증권사 방문해서 이관처리하고 우리투자에 계좌개설하고 이래야 하는데 절차가 불편하네요...

지금 있는 곳에는 증권사도 없는데... 증권사 가려면 2시간 이상 가야 하는데 어떡하지...

에이... 엿 같은 놈들 때문에 엿 같은 일을 하게 만드네....

그냥 신청 안 해버려야 겠네...

그동안 날린 돈이 얼만디... 나쁜 놈들...

구분	10가지 행위	4가지 내면상태	4가지 외면상태	5가지 인지행동
해당사항	종목선정	분노	장애	행위

개잡주 왜 인수는 하고 이지랄 만드는지...

개잡주... 정말 폭발시켜버리고 싶다...

근디 끊을 수가 없는 주식... ㅆㅂ

구분	10가지 행위	4가지 내면상태	4가지 외면상태	5가지 인지행동
해당사항	종목선정	분노	반격	감정

1

제가 많은 돈을 잃었던 이유는 욕심이었습니다.

2분 데이트레이딩, 상한가매매, 테마주매매.

세력들과 기관들 그리고 외국인들을 개미들은 당해낼 재간이 없습니다.

손절한 후 내일 잘해야지가 과연 될까요...?

내일은 또 다른 사람들이 우리의 피를 기다리고 있습니다.

우리의 피를 주지 않으려면 주식을 하지 않는 방법이 제일 좋습니다.

구분	10가지 행위	4가지 내면상태	4가지 외면상태	5가지 인지행동
해당사항	매매타이밍	분노	굴복	믿음

2

잘되겠지요. 잘될 겁니다.

반대매매는 피하고 싶지만 모든 게 내 탓이다.

늦었지만 점점 깨달아지는구나.

구분	10가지 행위	4가지 내면상태	4가지 외면상태	5가지 인지행동
해당사항	매매타이밍	내성	회피	생각

올라도 걱정

내려도 걱정.

주식하다 새가슴 되겠네.

구분	10가지 행위	4가지 내면상태	4가지 외면상태	5가지 인지행동
해당사항	매매타이밍	내성	회피	생각

카테고리 6 자산배분

해당사항의 내용은 앞의 '1. 사례분석 방법' 참조

1

불개미들이 설레발치고 달려드니, 올라갈 수가 있나?

난 안티는 아니고, 오늘 관심 있게 본 사람...

주식은 항상 개미들 예상 밖에서 논다는 불편한 진실...

구분	10가지 행위	4가지 내면상태	4가지 외면상태	5가지 인지행동
해당사항	자산배분	내성	장애	생각

2

내가 어쩌다가 횡령으로 상폐가 아닌 5년 적자 회사로 상폐가 날 회사를 매수했나.

오늘 오른다 해서 기뻐마라 개장 후 더 하락할 수 있다는?

상폐라면 끝이고.

도박 말고 튼튼한 곳 투자를 하셔요

구분	10가지 행위	4가지 내면상태	4가지 외면상태	5가지 인지행동
해당사항	자산배분	불안	굴복	생각

3

오늘 한강 가자.

6개월 동안 공사도 없고~~

여기 모하는 회사야??

공사도 없고??

돈도 없고??

상폐만 있냐??

말해봐 모하는 회사???

깡통회사가 정답이네...

뭣도 모르고 계속 매매했으니...

구분	10가지 행위	4가지 내면상태	4가지 외면상태	5가지 인지행동
해당사항	자산배분	분노	반격	감정

4

아놔~~이런 개 같은 주식에 물려 갖고~~

노리던 주식은 날아가는데 이놈은 무덤 파고 있고

어쩌다 이 주식에 중독되서 미쳐버리겠네 ㅆ8

구분	10가지 행위	4가지 내면상태	4가지 외면상태	5가지 인지행동
해당사항	자산배분	분노	반격	감정

5

여기서 잘 먹고 가면 뭐해요

다른 데 가서는 토해 낼 건데

주식 단타의 끝은 텅 빈 잔고뿐이란 걸

다들 잘 알고 있을 건데요

구분	10가지 행위	4가지 내면상태	4가지 외면상태	5가지 인지행동
해당사항	자산배분	분노	반격	감정

6

불법 저지르고 빼먹을 것 다 빼먹고 이제 쓸모가 없으니 버리다니...

일단 저의 증권계좌는 우리투자증권이 아니라 공개매수 신청하려면 기존 증권사 방문해서 이관저리하고 우리투사에 세좌개실하고 이래아 하는데 절차가 불펴하네요...

지금 있는 곳에는 증권사도 없는데... 증권사 가려면 2시간 이상 가야 하는데 어떡하지...

에이... 엿 같은 놈들 때문에 엿 같은 일을 하게 만드네....

그냥 신청 안 해버려야 겠네...

그동안 날린 돈이 얼만디... 나쁜 놈들...

구분	10가지 행위	4가지 내면상태	4가지 외면상태	5가지 인지행동
해당사항	자산배분	분노	장애	행위

7

현재 주가 바닥이니 뭐니 다 개소리고...

진짜 바닥은 천 원 후반 ~ 2천 원 초반대고

시장 분위기도 최악이고... 올해는 틀린 것 같소...

오늘은 좀 반등할 줄 알고 단타로 잠깐 들어왔다가 -4% 먹었고...

좀만 더 빠지면 손절치고 나갈라우... 어차피 소액이다 보니...

드럽다 드러워...

구분	10가지 행위	4가지 내면상태	4가지 외면상태	5가지 인지행동
해당사항	자산배분	분노	회피	생각

털리고 나니 맘이 몹시 쓰리시죠?

털고 나서 다시 4,300원대 또 담으셨겠죠?

왜 잔고가 만날 이렇게 마이너스 계좌가 될까요? 하시는 분들.

오늘 같은 날이 그 이유이니 공부하세요.

떨어지면 달려가서 패대기치고, 올라가면? 아 가서 다시 잡고.

조금 흔들면 무서워서 던지고,

결국 빨고 있는 건 당신 손가락입니다.

주식하지 마시고, 두 마리 치킨세트(후라이드 1개, 양념 1개)나,

호식이 치킨 불러서 가족들과 즐거운 시간 가지세요.

괜히 이 마당에 발 들여놓지 마시고...

공부해도 결국 승률적으로 승산이 없습니다

구분	10가지 행위	4가지 내면상태	4가지 외면상태	5가지 인지행동
해당사항	자산배분	불안	장애	생각

접때 주가 1350아래로 내려온다고 했는데 진짜 내려왔네요.

바닥을 모르고 내려가는 놈인데요. 정말 조심해야겠습니다.

이 주식 기관들도 매도하고 있고 구주주도 매도하고 있고

정말 하향 모멘텀이 너무 강합니다.

매수 구간을 점칠 수 없을 정도로 강하네요.

1350아래는 1000대인데 뭐 이 정도라면 그냥 접는 분위기네요.

회사 망하는 분위기입니다.

개미들만 멘붕입니다.

구분	10가지 행위	4가지 내면상태	4가지 외면상태	5가지 인지행동
해당사항	자산배분	불안	굴복	생각

10

4개월 만에 두 배 되었다고 자랑이냐구 병신아.

누가 물어봤냐구.

털고 간거 봤냐구 1~2주 떼부자 되것어.

이런 곳에 헛소리하는 넘 많더라

?????

너 빨리 오래

하얀 까운 입은 예쁜 아가씨가

빨리 오란다

약 먹을 시간이래

약 잘 챙겨먹고 헛소리 조심하그라...

불쌍타...

구분	10가지 행위	4가지 내면상태	4가지 외면상태	5가지 인지행동
해당사항	자산배분	분노	장애	행위

11

이거 괜히 사서?

맘고생하네요

나름 괜찮은 주식이라고 판단했는데

정신없이 흘러내리는군요

계속 사고팔았는데

이젠 물 타기도 겁나 못 하겠네요

주담은 주식관리하는 건지

에휴

구분	10가지 행위	4가지 내면상태	4가지 외면상태	5가지 인지행동
해당사항	자산배분	불안	굴복	행위

1

2개월 전 **경제 증권방송에서 그렇게 좋다고 떠들더만...

개미는 어쩌란 말이냐...

전문가도 오락가락 주가를 결코 조정하지 못하냐.

건강한 삶을 살 수는 없을까?

구분	10가지 행위	4가지 내면상태	4가지 외면상태	5가지 인지행동
해당사항	리스크 관리	불안	장애	생각

2

기관이나 외국인들의 단타... 큰손들의 장난...

개미들이 따라갈 수 있나요.

어찌 기관들을 이길 수가 있겠으며 큰손들을 이기리요.

그들은 빠른 정보가 있고 민첩하지만 개미들은 올라가려고만 하지요.

쌈짓돈까지 잃지 마시고 손들 떼시게들....

구분	10가지 행위	4가지 내면상태	4가지 외면상태	5가지 인지행동
해당사항	리스크 관리	내성	굴복	믿음

3

미친놈!

집안 말아먹을 일 있냐.

회사가 돈을 벌어야지. 작전주에 휩쓸리는 우를 범하지 말고

번데기 앞에서 주름잡지 마라... 울나라에선 이 종목밖에 없다!!!

물량 홀딩한 걸 행운이라 여기게 될거다.

내년까지 떠나지 마라!!!

초과수익이 창조되는 실질적인 창조경제다.

구분	10가지 행위	4가지 내면상태	4가지 외면상태	5가지 인지행동
해당사항	리스크 관리	내성	반격	믿음

4

마지막 희망을 걸고 올립니다.

망한 조선주하고 건설로 손실이 너무 크고 만회가 안 되네요.

자살이라는 극단적인 부분을 생각하고 있었지만 마지막으로 힘내자고 생각하고 단기 일자리라도 있으면 나가서 일하고 있습니다.

돈에 상관없는 만큼 아무 일이나 하려고 알아보고는 있으나 시간이 걸리면서 고시텔 낼 비용이 없어서 도움을 청합니다.

이번 주까지는 2달치 내지 못하면 쫓겨나게 생겨서 도움을 요청드립니다.

금액은 상관없습니다. 도와주시면 최대한 갚을 수 있는 부분으로 진행하겠습니다.

수많은 고민 끝에 고시텔에 있는 컴퓨터로 글을 올리니 여건이 되시는 분은 국민 874101-02-xxxxx5로 부탁드립니다.

개미의 마지막 간청입니다.

구분	10가지 행위	4가지 내면상태	4가지 외면상태	5가지 인지행동
해당사항	리스크 관리	우울	굴복	감정

5

한마디로 엿 같네- 매도도 못하고

쳐다만 보고 있자니 열불나고- 어제 쪼매 올리드만

오늘은 왕창 빼네-- 쓰벌넘들이 개미들 꼬셔서 장난치고 있네-

1만 원도 위태하네-

구분	10가지 행위	4가지 내면상태	4가지 외면상태	5가지 인지행동
해당사항	리스크 관리	분노	굴복	감정

6

금요일에 전부 쪽박 차는 거야...

게시판도 사라지고 개미 들은 개쪽박 차고 또 대통령한테 가자고 하겠네...

개미들 근성 어디가나....

잘되면 지탓이고 못 되면 금감원 얘들 탓이라 하고...

구분	10가지 행위	4가지 내면상태	4가지 외면상태	5가지 인지행동
해당사항	리스크 관리	불안	장애	생각

7

지금까지의 행태로 본... 앞으로의 쌩 양아치 흐름 예상.

일반 순수 개미분들은 섣불리 지금 가격대에 들이대지 마시길...

이제 며칠 있음... 각종 개인들 카드값에다... 설 경비 마련 때문에...

가만있어도 팔 주식은 나오게 돼있음

쌩양치 쉐리덜은 그 날자까정 계산하고 자전 돌리며 주식에 중독된 개미덜 우롱하면서 주머니돈 털어 가고 있음.

칼만 안 들었지. 살인자들 하고 별 차이가 없음. 살인자넘덜...

구분	10가지 행위	4가지 내면상태	4가지 외면상태	5가지 인지행동
해당사항	리스크 관리	분노	장애	생각

8

뭐 차트대로 되란 법도 없구.

파동이론이 다 맞는 법도 없구.

결국은 개미주주들만 다 죽는다.

힘들 내시고 이번 주 내로 역사가 이뤄지는 현장에 같이 서 있어 봅시다!!

파이팅 ~~

구분	10가지 행위	4가지 내면상태	4가지 외면상태	5가지 인지행동
해당사항	리스크 관리	불안	장애	생각

9

이 사람 간이 배 밖으로 나왔구만

예고했는데도 아직 들고 개거품 물고 있네

피가 마르기 전에 괜한 고집 부리지 말고 팔게나...

계속 내리막길이여... 팔면 이번에 다시 사지 말고

근데 버렸으니 으짠다냐~

구분	10가지 행위	4가지 내면상태	4가지 외면상태	5가지 인지행동
해당사항	리스크 관리	불안	장애	행위

세력 이기는 법은 이러하다.

세력이 팔고 떠날 때 같이 파는 것…

그거밖에는 없다…

알바들을 써서… 내리면 조정이다. 개미털기다라고 광고를 해대니 사람들이 헷갈리는거지…

적당히 눈치보고 파는 거야…

욕심 부리지 말고…

욕심은 세력이 부리지…

개미라도 욕심 안 부리면 이긴다.

구분	10가지 행위	4가지 내면상태	4가지 외면상태	5가지 인지행동
해당사항	리스크 관리	우울	굴복	믿음

11

내가 사면 내리고 내가 팔면 오르고...

미치것다.

고수님들 목표 주가가 얼마나 되나요?

초보 개미인데 너무 힘듭니다

피가 거꾸로 흐르려고 합니다.

주식에 중독돼 계속 매매하게 됩니다.

조언 부탁드립니다.

구분	10가지 행위	4가지 내면상태	4가지 외면상태	5가지 인지행동
해당사항	리스크 관리	분노	반격	지식

12

혹 테마주들 한탕보고 건들지 마세요~~

늘 테마주 건들다가 쪽박 찬 개미들...

우량주, 중소형주로 겨우 몇 개월 동안 10% 벌어놓고

테마주 건드려 -20~30% 갑니다..

당분간 올라서 아~ 살 걸 하는 미련을 버리세요~~

주식 한 두 번하고 손 뗼거 아님 절대 매매금지입니다.

구분	10가지 행위	4가지 내면상태	4가지 외면상태	5가지 인지행동
해당사항	리스크 관리	불안	장애	지식

전형적인 설거지 패턴.

오를 땐 홍보 없고 다 오르고 나면 각 게시판 돌면서 홍보하고 세력들
은 살살 팔아먹고.

개미만 피멍 터진다.... ㅂㅅ들

구분	10가지 행위	4가지 내면상태	4가지 외면상태	5가지 인지행동
해당사항	매매기법	분노	장애	지식

2

원래부터 쓰레기 개잡주인거 다 아는 사실...

꼴랑 얼마 올려놓으면 더 빼 버리는 게 일상 패턴...

다 같이 불기둥 만들면 얼마나 좋아...

조금 오르면 쳐 팔아먹기 바쁘니...

오를 수가 있나...

쓰레기들만 모인 지옥일 수밖에...

참고로 주포는 개뿔 무슨...

개미들만 불쌍하다...

구분	10가지 행위	4가지 내면상태	4가지 외면상태	5가지 인지행동
해당사항	매매기법	분노	반격	감정

3

일봉, 주봉, 월봉 차트

가격 이평선, 거래량 이평선, 엘리엇파동

차트분석에서 상승 전환신호와

하락 전환신호 거래량 변화추세를 잘 캐치해도 이놈의 주식 내 맘대
로 움직이지 않는다.

공매도에 허매수는 또 뭐란 말인가?????

구분	10가지 행위	4가지 내면상태	4가지 외면상태	5가지 인지행동
해당사항	매매기법	분노	장애	지식

4

정체를 밝히세요들

도대체 주식판이 왜 이럽니까?

누구들의 소행입니까?

대주주들의 물량입니까

도대체 어디서 이렇게 꾸역꾸역 나오는 것입니까

아주 짜증나 죽겠네요

호가 창 보니 주식중독된 개미 낚을라구 어느 정도 물량 쌓이면 딘지고

가만 있다 다시 물량 쌓이면 던지고

아주 가관이네요 호가 창이 ~~~

주식판이 몽땅 세력들만의 잔치인 듯하니...

개미들은 어쩌란 말이유~

구분	10가지 행위	4가지 내면상태	4가지 외면상태	5가지 인지행동
해당사항	매매기법	분노	반격	감정

5

위에서 막 찍어 누르고 공매도에...

밑에 매수 만주씩 턱턱 걸어 놓네?

투매하도록 유도하고 밑에서 싸게 주워 먹을려고?

에라이~ 도둥느므 시키들 ㅋㅋㅋㅋㅋ

이런 주식장에서 개미들이 살아남는다는 건 백사장에서 바늘 찾기다...

주식에 자신 없는 분들은 손 떼시라.

구분	10가지 행위	4가지 내면상태	4가지 외면상태	5가지 인지행동
해당사항	매매기법	분노	굴복	생각

6

과연 올까? ㅋ

환율에 대주주 물량부담에

아주 개작살 나는 구만... ㅋㅋ

조정기간도 벌써 9개월째로 접어들고 있는데...

앞으로도 쪼매 힘들겠어... ㅋㅋ

구분	10가지 행위	4가지 내면상태	4가지 외면상태	5가지 인지행동
해당사항	매매기법	불안	굴복	생각

7

개미님들아

저도 500프로 이상 먹으려고 들어왔는데

오늘로 끝이군요

세력들 자전하면서 팔고 있습니다.

지금이라도 털고 나가세요

전 12시 타임에

다 털고 갑니다.

희망이 없는 주식이네요..

구분	10가지 행위	4가지 내면상태	4가지 외면상태	5가지 인지행동
해당사항	매매기법	분노	장애	감정

8

시초에 공매도 치고 오후 장에서 싹쓸이 매수...

매번 같은 패턴입니다

그러니 제발 팔지 말어라

보름 전에 백만 주 대차거래 나왔을 때에도 공매도는 고작 십만 주도 안 나왔습니다

더구나 kec에 공매도와 대차거래는 전체주식의 2%밖에 안 됩니다

이 정도는 공매도라고 말도 안 합니다

개미들이 공포에 쉽게 무너지는 게 문제일 뿐...

아무런 문제가 안 됩니다

그러니 팔지 말고 느긋하게 기다리세요

나도 모르게 파는 개미님들 헐..

구분	10가지 행위	4가지 내면상태	4가지 외면상태	5가지 인지행동
해당사항	매매기법	불안	장애	생각

1

거래량은 없구 가슴은 마구 뛰고

약 먹어도 정신은 말짱하구

아아 이런 젠장

구분	10가지 행위	4가지 내면상태	4가지 외면상태	5가지 인지행동
해당사항	전환과 제한	불안	장애	감정

2

현재 주가 바닥이니 뭐니 다 개소리고...

진짜 바닥은 천 원 후반 ~ 2천 원 초반대고

시장 분위기도 최악이고... 올해는 틀린 것 같소...

오늘은 좀 반등할 줄 알고 단타로 잠깐 들어왔다가 -4% 먹었고...

좀만 더 빠지면 손절치고 나갈라우... 어차피 소액이다 보니...

드럽다 드러워...

구분	10가지 행위	4가지 내면상태	4가지 외면상태	5가지 인지행동
해당사항	전환과 제한	분노	회피	생각

3

털리고 나니 맘이 몹시 쓰리시죠?

털고 나서 다시 4,300원대 또 담으셨겠죠?

왜 잔고가 만날 이렇게 마이너스 계좌가 될까요? 하시는 분들.

오늘 같은 날이 그 이유이니 공부하세요.

떨어지면 달려가서 패대기치고, 올라가면? 아 가서 다시 잡고.

조금 흔들면 무서워서 던지고,

결국 빨고 있는 건 당신 손가락입니다.

주식하지 마시고, 두 마리 치킨세트(후라이드 1개, 양념 1개)나,

호식이 치킨 불러서 가족들과 즐거운 시간 가지세요.

괜히 이 마당에 발 들여놓지 마시고...

공부해도 결국 승률석으로 승산이 없습니다.

구분	10가지 행위	4가지 내면상태	4가지 외면상태	5가지 인지행동
해당사항	전환과 제한	불안	장애	생각

접때 주가 1350아래로 내려온다고 했는데 진짜 내려왔네요.

바닥을 모르고 내려가는 놈인데요. 정말 조심해야겠습니다.

이 주식 기관들도 매도하고 있고 구주주도 매도하고 있고

정말 하향 모멘텀이 너무 강합니다.

매수 구간을 점칠 수 없을 정도로 강하네요.

1350아래는 1000대인데 뭐 이 정도라면 그냥 접는 분위기네요

회사 망하는 분위기입니다.

개미들만 멘붕입니다.

구분	10가지 행위	4가지 내면상태	4가지 외면상태	5가지 인지행동
해당사항	전환과 제한	불안	굴복	생각

5

4개월 만에 두 배 되었다고 자랑이냐구 병신아.

누가 물어봤냐구.

털고 간거 봤냐구 1~2주 떼부자 되것어.

이런 곳에 헛소리하는 넘 많더라

?????

너 빨리 오래

하얀 까운 입은 예쁜 아가씨가

빨리 오란다

약 먹을 시간이래

약 잘 챙겨먹고 헛소리 조심하그라...

불쌍타...

구분	10가지 행위	4가지 내면상태	4가지 외면상태	5가지 인지행동
해당사항	전환과 제한	분노	장애	행위

6

어디 장기 출장을 가던지 해야지. 일도 안 잡히고, 속만 타고...

이렇게 초초한 적이 없는데...

꼭 돈 쓸 일 생기면, 주가는 반대로 가더라...

왜 이케 힘늘게 만느나...

울딸 원룸 얻어줘야 되는디...

미쵸 미쵸...

동철아 멀티용 강관이라는 특제 소스좀 발라봐라. 지발~

나 동철이 땜에 개털 됐는데 미쵸 미쵸

구분	10가지 행위	4가지 내면상태	4가지 외면상태	5가지 인지행동
해당사항	전환과 제한	불안	회피	감정

7

불개미들

형들이 2거래일 연속 하방으로 보내는 것은 개미들이 너무 많이 탑승하고 있어서다.

개미들 좀 털고 가려고 하니 좀 털려 주시는 센스가 필요하다.

이 바닥에서 얼라들한테 이렇게 좋은 말하는 사람 봤니...

좋은 말할 때 털고들 나가기 바란다.

이렇게 힌트를 주는 데도 안 털려 주면 영원히 밀어버릴 수도 있으니 적당히 매도해라.

형들의 의중을 아는 과연 불개미로다.

자 지금부터 일정 물량 털어 주기 시작...

구분	10가지 행위	4가지 내면상태	4가지 외면상태	5가지 인지행동
해당사항	전환과 제한	불안	반격	생각

8

어이할꼬, 어이할꼬~~~!!!

개미들은 다 털리고 다 떠나고, 두 놈들만 치고받고 쌈질이구나~~~!!!

이제 개미 호구들이 사라졌으니

어이할꼬, 어이할꼬~~~!!!

구분	10가지 행위	4가지 내면상태	4가지 외면상태	5가지 인지행동
해당사항	전환과 제한	분노	반격	감정

9

개미들 많이 파네, 손절ㅋㅋ

계속 떨어지겠군.

언젠간 오르겠지.

차라리 미친놈 말처럼 하한가 가라. 솜 사세....ㅜㅜ

구분	10가지 행위	4가지 내면상태	4가지 외면상태	5가지 인지행동
해당사항	전환과 제한	내성	장애	생각

10

하한가~~

상폐냐??...

언 놈이 15만 주 던진겨~~...

허거... 근데 난 팔았다가 왜 샀지

똥줄만 타네...ㅅㅂ

구분	10가지 행위	4가지 내면상태	4가지 외면상태	5가지 인지행동
해당사항	전환과 제한	분노	장애	감정

11

이거 괜히 사서?

맘고생하네요

나름 괜찮은 주식이라고 판단했는데

정신없이 흘러내리는군요

계속 사고팔았는데

이젠 물타기도 겁나 못 하겠네요

주담은 주식관리하는 건지

에휴

구분	10가지 행위	4가지 내면상태	4가지 외면상태	5가지 인지행동
해당사항	전환과 제한	불안	굴복	행위

내가 타면 로맨스. 남이 타면 불륜.

그거하면 소리 질러야 할 것 아냐

그래야 상으루 치달지.

이그...

불씨 꺼지면 오를 때 못 오르면 끝난그야 바이바이...

그거하나 못 올라타고...

외국놈들도 맨날 넣다 뺐다 넣다 뺐다.

기를 쓰고 올라타는디...

이건 뭐 쌍... 기분만 내키고 재수읍다고 도망가삐라.

다신 안 올란다... 테테테

구분	10가지 행위	4가지 내면상태	4가지 이면상태	5가지 인지행동
해당사항	전환과 제한	분노	반격	생각

아침에 폭락을 주도한 두 증권사가 지금 매수량 잡히는 걸 보니 쌍욕이 나온다.ㅋ

장 초반부터 두 개 증권사 합 2만 주 넘는 물량을 투하하며 하락의 불씨를 만들더니...

매수매도 현황을 보고 부지런히 질렀는 데 들고 있자니 절로 욕이 나오네.

구분	10가지 행위	4가지 내면상태	4가지 외면상태	5가지 인지행동
해당사항	전환과 제한	분노	반격	감정

근데 오늘 알바들 조금 마음에 들긴 하다.

하는 짓은 밉지만.

덕분에 심약한 개미들의 탈출 러쉬가 이루어지고 있다.

나도 개미인지라. 그들이 안타깝지만.

개관 안티 덕에 내일이 기대된다.

정말 여기는 노름판이요, 야바위판이구나.

씁쓸허다.

구분	10가지 행위	4가지 내면상태	4가지 외면상태	5가지 인지행동
해당사항	전환과 제한	불안	반격	생각

15

좋은데 매각되면 10만 원 간다.

매수했으면 농사 짓 듯 기다려라.

이제 씨 뿌려 놓고 바로 열매를 따려면 되냐.

물론 빨리 가면 대박이지만...

개미들은 남아 있으라.

엉아만 나갈련다.

언제 상폐되느냐는 시간 문제거던....ㅎㅎ

구분	10가지 행위	4가지 내면상태	4가지 외면상태	5가지 인지행동
해당사항	전환과 제한	내성	반격	행위

16

믿고, 다 걷어 차불고 왔더니...

뒤통수 후려치고, 발등 도끼로 찍어 불고...

팔고 떠났다가도 다시 들어왔으니

개미들의 비애여~

그래도 쪼매만 더~~ 기다려본다... 뉘기미

구분	10가지 행위	4가지 내면상태	4가지 외면상태	5가지 인지행동
해당사항	전환과 제한	분노	반격	믿음

ㅋㅋㅋ 개미들만 당하는구만

세력이 자꾸 누르잖아~

그것도 모르는 개미들 집문서 날리지 말고 조심해

구분	10가지 행위	4가지 내면상태	4가지 외면상태	5가지 인지행동
해당사항	전환과 제한	내성	장애	믿음

공매도 세력... 역시 쩐이 앞서네요.

공매도 세력 돈 정말 많네요...

호가 단위에 쌓아올린 매물... 엄청납니다...

그걸 돌파할 수 있는 건... 북한발 강력한 뉴스밖에 없습니다.

오늘 동시호가부터 가격 관리하더니... 호가에 강력한 매물벽을 쌓아
올렸네요.

공매도 세력 한번 당해봐야 되는데... 아직은 그럴 매수 세력이 없네
요...

역시 돈 있는 놈이 이기는 시장이 주식시장입니다...

개인이 공매도 하기에는 거의 불가능하니... 참나...

오늘장은 하락장입니다. 아무리 불개미라지만 오늘은 잠시 컴 끄시고...

산책이나 하시는 편이~~~

구분	10가지 행위	4가지 내면상태	4가지 외면상태	5가지 인지행동
해당사항	전환과 제한	불안	반격	믿음

하한 갈 거였는데 아쉽군!
제가 끝났다고 계속 말했는데 안타깝네요!

짜고 치는 고스톱 m&a뉴스 계속 내보내며 욕심 많은 개미들 팔지도 못하게 하고 다 팔아먹는 수법입니다!

굳은 맘먹고 지금이라도 나오시는 게 좋을 듯!

구분	10가지 행위	4가지 내면상태	4가지 외면상태	5가지 인지행동
해당사항	전환과 제한	불안	장애	믿음

카테고리 10 매매일지
해당사항의 내용은 앞의 '1. 사례분석 방법' 참조

1

역시 job~Zoo

이거 뭐 다 털고 나가네요.

미리 올려놓고 공시 뜨니 겁나 내려가는 게 항상 똑같네요.

전 어제 미련 없이 떠났습니다~

뭐 다행인거죠 ㅋ

이전 상황을 보면... 이제 미련 없이 떠날 때가 된 듯하네요...

아시는 분은 슬슬 떠나시고... 모르는 개미는 눈팅하다 밤팅되겠죠...ㅋ

판단은 자신이~~~!!!

구분	10가지 행위	4가지 내면상태	4가지 외면상태	5가지 인지행동
해당사항	매매일지	분노	굴복	믿음

②

아침부터 개짓는 소리가

여지없어 들리는구만

분명한건 팔고나니 오르니까

배가 꼬이는가보다.

이런 개잡주가 황금이라고 어리바리한 개미들에게 꼬셔대는 리딩전
문가들에게 경종을 울리고 싶다.

정말 알면서도 엮이는 불쌍한 개미 인생이여~

구분	10가지 행위	4가지 내면상태	4가지 외면상태	5가지 인지행동
해당사항	매매일지	분노	반격	감정

③

사장은 주가 관리 좀 해라!!

이게 무슨 신재생에너지주인가?

무늬는 신재생...

속살은 잡주...

근데도 난 오늘도 무개념으로 매매한다.

이제 그만 뜸들이고 실적 발표 좀 해라...

진행상황을 수시로 발표하라...

구분	10가지 행위	4가지 내면상태	4가지 외면상태	5가지 인지행동
해당사항	매매일지	분노	장애	감정

④

우생은 조만간 감자나 상폐나 거래정지...

감자는 공시 뜬 거고...

상폐 안 당할라고 하는 거고...

감자하면 당근 거래정지하는 거고...

뭐 어쩌라고?

다 알고 있는 거!!

근대 쥐포들이 너무 친절합니다... 개미들 사라고 너무 친절하게 행동하시네요.

쥐포들의 심리를 모르는 개미들은 오늘도 바글바글하다...ㅎㅎㅎㅎ

구분	10가지 행위	4가지 내면상태	4가지 외면상태	5가지 인지행동
해당사항	매매일지	불안	장애	지식

5

야! 이 등신아!

카페에 어느 님이 상호변경 후 랠리한다길래

호재공시 안 나으믄 랠리 못 한다구 쓴 거 못 봤냐?

눈깔은 달구 다니냐?

한심해서 쓴 글이다 따샤!!!

안티 놀음을 할려거든 똑바로 해라

자슥아 비싼 밥 쳐묵고 할 일이 그렇게도 없나

구분	10가지 행위	4가지 내면상태	4가지 외면상태	5가지 인지행동
해당사항	매매일지	불안	반격	감정

6

내일 반등줄 때 털어라.

그만 좀 이용당하고.

찬티들의 놀음에 속지들마.

니네 계좌보기 부끄럽지도 않냐.

하락추세엔 털고 저점 잡아서 다시 들어갈 생각들 해야지

막판 조금 올렸다고 그놈의 공시는 몇 달 째 기다리는지

하여간 호구들의 설레발은ㅋㅋ

구분	10가지 행위	4가지 내면상태	4가지 외면상태	5가지 인지행동
해당사항	매매일지	내성	장애	지식

7

주식은 항상 떨어질 때 매수하고 오를 때는 수익 실현해야 합니다.

수익 실현해야 할 시점에 추격매수하게 되면 크게 물립니다.

바닥으로 떨어진 새로운 테마를 기대하고 기다리는 전략이 더 좋습니다.

주가는 항상 오르지도 않고 항상 떨어지지도 않습니다.

폭등 후에는 폭락이 나오는 법입니다. 항상 욕심을 줄이시기 바랍니다.

꼭 명심하세요

구분	10가지 행위	4가지 내면상태	4가지 외면상태	5가지 인지행동
해당사항	매매일지	불안	장애	지식

8

그냥 개미가 아니다.

불개미다 불개미.

함 버려보자 누가 위험부담 많이 지고가는지 함보자

언넘이 개털되는지 참 궁금하다.

인내는 쓰고 열매는 달다.

불개미처럼 매매하다가 개털되는 건지 모르겄다.

구분	10가지 행위	4가지 내면상태	4가지 외면상태	5가지 인지행동
해당사항	매매일지	분노	반격	믿음

9

갑갑한 개미님 호구님들아.

어제 상한가 안 털은 놈 주식 접어라.

주식 계속 하다가는 집안 기둥뿌리 뽑힌다.

주식 하수 호구들아.

구분	10가지 행위	4가지 내면상태	4가지 외면상태	5가지 인지행동
해당사항	매매일지	분노	반격	감정

Part 2

기본 사례
분석

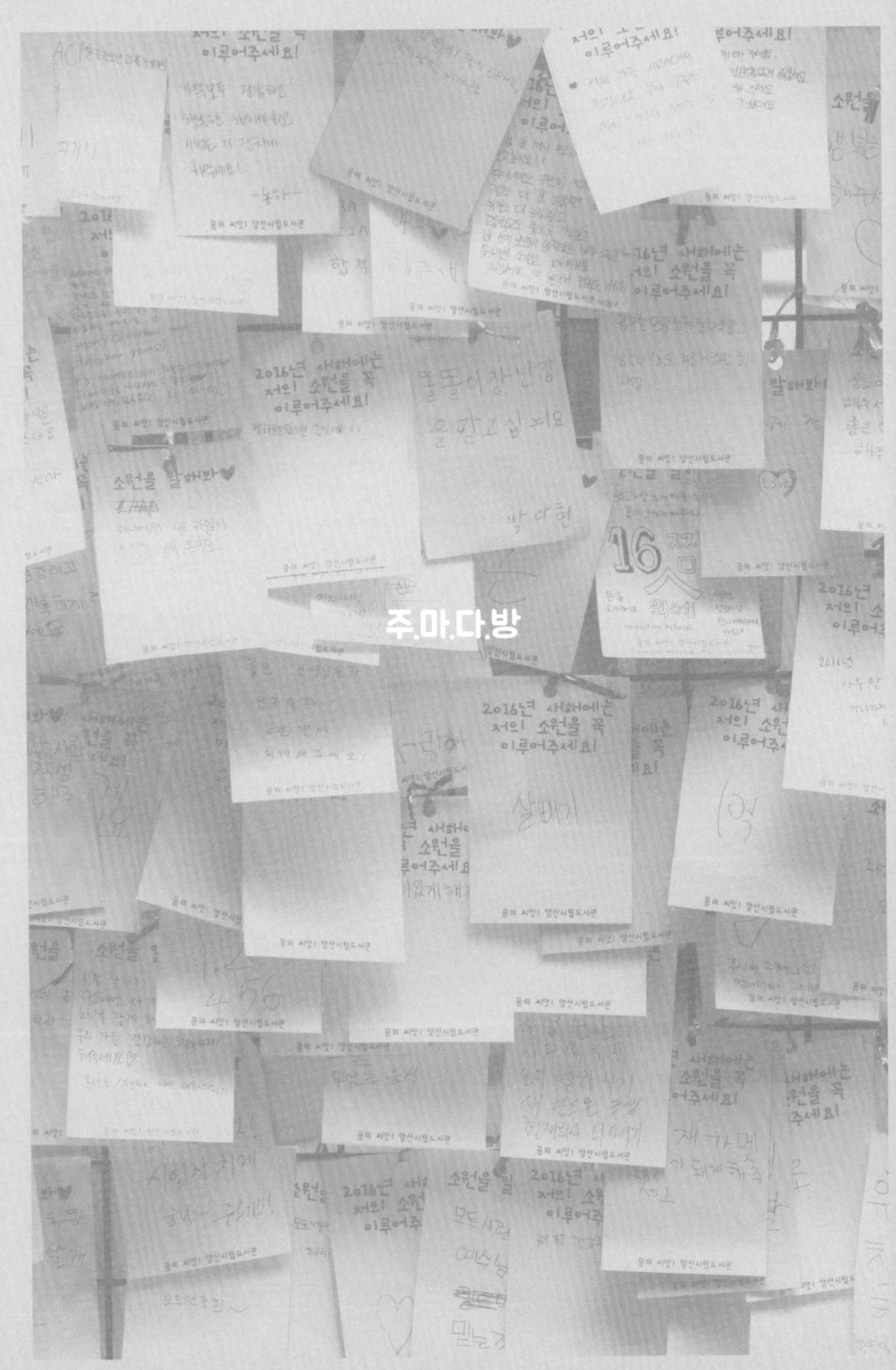

10가지 카테고리에 적합한 10가지 상담사례

| 사례 1 | 해당사항의 내용은 앞의 'Part 1. 1. 사례분석 방법' 참조 |

일확천금? 헛된 꿈

주식매매 중독에 빠진 남편으로 인해 힘든 나날을 보내고 있다는 이혜정(가명) 씨의 사례입니다.

남편은 주식을 시작한 지 5년 정도로, 첫 주식거래 때 우연인지 행운인지 4천만 원이라는 큰 수익을 보게 되었습니다.

남편은 엘리트 출신의 명문대학 졸업자로 전문직의 1억이 넘는 연봉에 만족하지 못하고 일확천금이란 헛된 기대를 가지며 오직 주식에만 매달리기 시작했습니다.

그러나 주식투자는 생각대로 되지 않았고 오히려 본인의 수입과 재산까지 다 잃을 정도로 큰 손실을 보게 되면서 시댁과 친정에 여러 번 도움을 요청했습니다. 빚을 갚을 때마다 다시는 주식을 하지 않겠다는 다짐과 약속을 받았지만 그 순간뿐이었습니다.

최근 일주일 전에는 가족 모르게 집을 담보로 대출을 받아 또다시 주식을 하여 1억 8천만 원에 대한 추가 손실이 있었음을 알게 되었습니다. 더 힘든 것은 계속되는 손실로 남편은 이전엔 없던 폭언뿐 아니라 폭행까지 이어져 가정의 단란함과 미래에 대한 꿈이 사라져 가고 있었습니다.

'어디에다 하소연을 해야 할까... 도대체 어떻게 하면 남편이 주식을 하지 않을 수 있을까...'

그렇게 인터넷을 뒤적뒤적하다 〈주식중독예방치유센터〉 기사를 보고 바로 전화를 하셨다고 합니다.

누구에게도 말할 수 없었던 답답한 심정을 전화로 얘기하는 것만으로도 큰 안도감과 기대감이 생겼고, 남편을 설득하는 일이 쉽진 않았지만 〈주식중독예방치유센터〉를 통해 성실했던 남편을 되찾고 싶다는 마음으로 저희 센터의 문을 두드리셨습니다.

앞으로도 끝이 없을 것 같은 환경으로 인해 의뢰인 이혜정씨도 한계에 다다르게 되었고 분노와 상실감이 커서 심적으로 많이 지쳐 있는 상태였습니다.

'자가 진단질문지'의 진단을 통해 남편의 심각한 상태를 인지하게 되셨고 '세부 진단질문지'를 실시, 전문상담이 이루어졌습니다. 상담과정을 통해 세부 프로그램을 진행하면서 외부환경으로부터 자신의 반응에 대한 이해와 주식에 대한 올바른 지식을 습득하면서 이제까지 자신이 얼마나 올바른 지식 없이 주식을 해 왔는지 후회하셨습니다.

가족들에게 폭언과 폭행으로 아픔을 주었던 행동들도 많은 반성을 하고 진심으로 사과를 하였으며 가족과 함께하는 시간을 늘림으로 이전의 모습을 되찾아가는 남편을 바라보며 이혜정씨는 고마움의 눈물을 보이셨습니다.

시댁과 친정에도 따로 시간을 내어 앞으로 주식을 하지 않겠다는 인사도 드려 가족 간의 평화와 사랑을 경험하는 다복한 시간이었습니다.

구분	10가지 행위	4가지 내면상태	4가지 외면상태	5가지 인지행동
해당사항	리스크 관리	분노	장애	행위

30년의 주식투자로 잃어버린 가족과 인생

80년대부터 주식을 시작하신 임순녀(가명) 님의 상담사례입니다.

상당한 재력가인 남편 덕에(?) 80년대에 주식투자로 5억을 잃었습니다. 80년대 당시 5억은 지금으로 환산하면 수십 억은 족히 될 것입니다.

그 큰 손실로 더 이상 주식을 하지 말라는 남편분의 반대에도 현재까지 30여 년 가까이 거짓말로 지속적인 주식투자를 해 왔다고 하였습니다.

남편분은 지나간 수십 년 세월 속에서 주식중독에 빠져 있는 아내를 구출해 내야겠다는 간절한 심정으로 〈주식중독예방치유센터〉의 문을 두드렸습니다.

모든 중독자들이 그렇듯 저희 〈주식중독예방치유센터〉를 찾으시는 대부분의 내담자들은 처음엔 자신이 주식중독에 빠져 있다고 자각하지도 인정하지도 않습니다.

임순녀 님의 경우도 본인은 주식중독자가 아니며 오히려 30여 년 가까운 주식투자로 나만의 노하우를 만들 만큼의 전문가라 자부하셨고, 그 노하우로 다시 이익을 볼 수 있다며 손실 본 자금의 회수에 대한 강한 집착도 보였습니다.

더군다나 젊은 시절 바쁜 남편의 빈자리로 외롭고 힘든 결혼생활에 마음을 쏟을 수 있던 곳이 주식투자였다며 눈물을 흘렸습니다.

먼저 임순녀 님을 위로하고, 현재 주식투자에 대한 자신의 상태를 자각하는 것이 우선이 되어야 하므로 '자가 진단질문지'를 실시하여 전문상담이 필요한 것으로 진단되었습니다.

이후 '세부 진단질문지'를 실시하여 전문상담이 이루어지는 세부 프로그램을 진행하면서 현재 나 자신과 기업, 주식시장 등 외부환경으로부터 자신의 반응에 대한 이해를 가지게 되었고 주식에 대한 올바른 지식을 습득하여 주식중독에서 벗어나도록 도와주는 상담이 이루어졌습니다.

아내를 도와주고 싶은 마음이 간절했던 남편분의 배려와 정성, 함께하는 시간도 더 늘어나 얼굴에 미소가 신혼부부 같이 가정에서의 안정도 찾아가는 변화를 볼 수 있었습니다.

30여 년간 지속되며 무언가에 쫓기는 듯 조급한 마음이 조금씩 가벼워지는 변화에 두 분은 고맙다는 인사로 마음을 표현했습니다.

구분	10가지 행위	4가지 내면상태	4가지 외면상태	5가지 인지행동
해당사항	자산배분	내성	장애	믿음

친구를 도와주려다 더 큰 원망과 분노가!

　　미국의 모 대학을 졸업 후, 한국으로 돌아온 뒤 주식에 빠져 지내온 최용석(가명) 님의 사례입니다.

　　박사의 꿈을 이루고자 미국에서 공부를 더 하고 싶어 했지만 강압적인 부모님의 반대로 꿈을 접게 되면서 한국기업에 입사하였습니다. 본인의 의지와는 상관없이 입사했던 회사에서는 상사와의 갈등으로 몇 개월도 다니지 못하고 나오게 되었고 그러기를 두어 차례 하였습니다.

　　이런 과정 속에서 차라리 자신이 원하는 대로 유학을 가도록 부모님이 지원을 해 주셨다면 성공했을 것이라는 막연한 기대감과 원망과 분노가 가득한 심적 상태를 드러내고 있었습니다.

　　그런 중에 가정형편이 어려운 친구가 주식하는 것을 보고 본인이 가진 금융지식으로 나름대로 주식투자 방법을 알려 주면서 함께 주식을 하게 되었고 당시 실직상태였던 내담자는 하루 종일 컴퓨터 앞에서 주식 그래프에만 매달려 있었습니다.

　　잠시 벌었던 수입과 부모님으로부터 빌린 돈으로 주식에 투자해 모두 손실을 보았고 본전 생각에 자금을 회수하고자 더더욱 매달리는 모습을 보였고 이 과정에서 패배자라는 마음의 상실감과 자존감이 더욱 낮

아졌습니다. 여전히 돈은 주식을 통해서 쉽게 벌 수 있다는 생각 속에서 헤어 나오지 못하는 안타까운 상태에서 용기를 내어 저희 〈주식중독예 방치유센터〉를 찾아주었습니다.

우선 '자가 진단질문지'를 통해 치유가 필요하다는 결과가 나왔고 이후 '세부 진단질문지'를 진행하여 주식에 대한 왜곡된 사고를 전환시 키는 프로그램에 참여하였습니다. 더불어 심리적인 자신감의 회복을 위 해 심층적 상담도 병행하여 진행되었습니다.

첫 번째의 변화로는 뜻대로 되지 않는다는 생각으로 굳게 닫혀 있던 마음이 열려 자신에 대한 표현도 솔직하게 하였고 지금까지 올바른 지 식 없이 주식투자를 한 것에 대해 인지하였습니다. 상담 2회차 이후로 는 새로운 직장을 알아보고 있다고 하였습니다.

상담 마지막 날, 부모님이 지원해 주지 않았던 지난 시간을 더 이상 원 망하지 않을 것이며 취직을 하여 다시 공부하고 싶은 마음이 들면 그때는 자신 스스로의 능력으로 시작해 보겠다는 다짐을 하였습니다. 부모님께 빌렸던 자금도 모두 갚을 계획을 세우고 있다고 말씀해 주었습니다.

상담을 받으면 정말로 잘못된 주식투자 행위를 정리할 수 있을지 반신 반의했는데 아들이 진심으로 결단하는 것과 변화된 생활 모습을 볼 수 있는 것에 대해 '믿어지지 않는다. 너무 고맙다'며 어머니는 살며시 눈가 에 눈시울을 적시셨습니다.

구분	10가지 행위	4가지 내면상태	4가지 외면상태	5가지 인지행동
해당사항	매매타이밍	분노	장애	지식

주식에 대한 잘못된 생각이 20억의 손실로!

이희경(가명) 님은 15년이라는 세월 속에 20억 원의 재산을 탕진하면서도 여전히 주식에 빠져 있던 남편을 주식중독이라 판단하여 저희 〈주식중독예방치유센디〉를 찾아온 사례입니다.

저희 〈주식중독예방치유센터〉를 찾아오시는 사람의 대다수는 자발적인 의지로 오기보다는 가족의 권유와 사정으로 방문하는 경우가 많습니다.

이희경 님의 남편분은 〈주식중독예방치유센터〉에 방문하여 자신이 습득한 주식투자의 다양한 지식과 정보를 자랑하며 자신은 중독이 아님을 입증하기 위한 반감의 마음을 가지고 왔습니다.

초기 진행되는 '자가 진단질문지'의 결과 전문적인 치료가 필요한 상태로 나왔으며, 초기상담과정 중 주식에 대한 자신의 지식이 매우 왜곡되었음을 조금이나마 인지하게 되었습니다.

그러나 오랜 세월 굳어져 있는 주식투자에 대한 여러 가지 생각들로 다음 프로그램을 진행하는 데에 거부감을 보였습니다.

몇 차례의 설득 끝에 '세부 진단질문지'를 실시하니 심층적 중독 상태라는 결과가 나타났고 이후 전체 프로그램을 진행하며 내담자 스스로 왜곡된 사고에서 비롯되어 주식에 매달려 있는 현상을 보였던 잘못된 행동을 절제하는 큰 발전이 있었습니다.

또한 안정된 마음을 찾게 되어 주식에서 벗어나는 것뿐 아니라 가정에도 노력하는 모습을 보여 아내와 자녀들이 내담자에 대한 신뢰감이 생기고 행복한 가정의 모습을 되찾아 가고 있습니다.

가장 효과적인 치유는 내담자 자신이 가진 문제를 얼마나 바르게 인지하는가와 스스로 회복하고자 하는 자발적 의지가 함께하는 것이 얼마나 중요한지를 다시 한 번 생각하게 되는 사례입니다.

구분	10가지 행위	4가지 내면상태	4가지 외면상태	5가지 인지행동
해당사항	나 자신	내성	굴복	지식

한 사람이 가정을 무너뜨리다!

몇 년 전부터 조울증과 불면증을 앓으면서 사회생활이 어려워 집에만 있게 되었고 사회와 가족은 단절한 채 하루 종일 주식에만 매달려 있다는 형에 대한 우희윤(가명) 님의 사례입니다.

주식에만 매달려 있는 형으로 인해 가족들이 받는 정신적인 스트레스는 커져 가족 간에 정상적인 생활이 이루어지지 않는 안타까운 상황이 되었고 이로 인해 형뿐만 아니라 다른 가족들도 정신과 치료 및 상담을 요하는 상태였습니다.

문제의 해결을 위해 주된 원인이 되었던 친형의 심리적 치료와 주식중독에서 벗어나는 것이 최우선이라는 판단하에 우희윤 님은 친형과 함께 저희 〈주식중독예방치유센터〉를 어렵게 방문하였습니다.

친형에게 주식을 시작하기 전부터 갖고 있던 조울증, 불면증의 원인이 되었던 심리적 부분을 먼저 파악하고 주식매매 중독의 정도를 알아보는 '자가 진단질문지'를 작성하였습니다.

이 결과를 가지고 바로 다음 단계인 '세부 진단질문지' 검사로 주식중독의 상태를 측정하여 그 정도에 따라 상담 및 치유 프로그램을 시작할 수 있었습니다.

우희윤 님은 상담과정 중 2회차로 나누어 이루어지는 상담을 하루 만에 6시간의 상담을 요청하였는데 이는 형의 빠른 회복을 위한 동생의 너무나도 간절한 마음이 있었기 때문이었습니다.

심리적 요인으로는 불안 증세와 같은 안정적이지 못한 심리상태가 있었으며 채워지지 않는 욕구에 대한 공허함을 채우기 위한 대상으로 주식투자에 몰두하였다는 것을 알게 되었고 가족들도 이런 형의 마음을 조금씩 이해하게 되었습니다.

주식에 대한 잘못된 지식을 올바른 지식으로 전환하는 프로그램을 진행하여 자신이 어떠한 마음과 상태로 투자를 하고 있었는지 나 자신을 찾아가는 시간을 갖게 되었습니다. 이 과정에서 주식을 시작하기 전부터 갖고 있던 조울증, 불면증의 원인이 되었던 심리적 부분에서도 자유로워지며 차츰 안정감을 찾게 되었습니다.

또한, 자신의 행동이 가족들에게 어떠한 영향을 미쳤는지 알게 되면서 소금씩 마음이 열리고 미안함도 느끼게 되어 가속 간의 관계 회복을 위한 마음가짐을 갖게 되었습니다.

주식투자에 대한 과도한 관심을 여행과 운동으로 대체할 수 있을 것 같다며 친구나 동생과 함께 동행할 수 있도록 요청하여 내담자 스스로 활동력 있는 생활로 전환될 수 있는 적극적인 계기를 만들게 되었습니다. 또한 앞으로 사회생활도 다시 시작할 수 있도록 직장도 알아볼 것이라고 하였습니다.

형의 변화되어 가는 모습을 보며 지금이라도 형이 주식중독에서 벗어나 정상적인 삶으로 살아갈 수 있는 희망을 가질 수 있다는 것이 얼마나 값진 일인지 그저 고마울 뿐이라고 우희윤 님은 감사해 했습니다.

해결할 수 없을 것 같아 안타깝고 답답한 마음에도 가능성을 가지고 관심을 갖고 지켜봐 온 가족을 향한 동생의 사랑이 오늘의 결과로 이어졌습니다.

끝까지 포기할 수 없는 것이 가족을 사랑하는 마음이라는 것을 다시 한 번 생각하게 되는 사례입니다.

구분	10가지 행위	4가지 내면상태	4가지 외면상태	5가지 인지행동
해당사항	기업	우울	장애	지식

빚을 갚기 위해 시작했다가!!!

총각 시절부터 주식을 해 왔다는 정호영(가명) 씨의 사례입니다.

2000년에 1년 정도 주식을 하며 손실을 보았던 경험이 있고 2007년 친구에게 돈을 빌리게 되면서 그 이자를 갚기 위해 주식에 다시 손을 대기 시작하였습니다. 이자를 갚겠다고 한 것이 집 담보와 사채까지 사용하면서 주식투자를 통해 3억이란 빚만 더 늘어났습니다.

이로 인해 정호영 씨는 심리적 자괴감과 우울감, 무기력을 동반한 상태로 정신과 치료를 받아야 하는 건 아닌지 가족들도 고민하고 걱정하던 중 〈주식중독예방치유센터〉를 방문하였습니다.

주식투자로 불안해하는 모습이 징밀 중독에 빠진 사람 같아 보여 지켜보기가 너무나도 안타까웠으며 〈주식중독예방치유센터〉가 있다는 걸 이제라도 알게 된 것이 매우 다행이라며 가족들은 기뻐하였습니다.

'자가 진단질문지'로 세부적인 상담이 필요하다는 결과가 나왔고 이후 '세부 진단질문지'를 검사한 후 세부 프로그램에 대한 설명과 사례를 듣고 신뢰감을 갖게 되어 내담자는 다른 사람들처럼 본인도 회복될 것이란 기대감을 가지고 성실하게 프로그램에 참여했습니다.

거부하지 않고 상담에 동행해 준 남편에 대해 아내는 가능한 범위 안에서 남편이 빚을 정리하는 것을 도와주겠다고 하였고 남은 부채를 줄이기 위해 작은 집으로 이사를 하려고 집을 내놓겠다며 부부간에 회복을 위한 진심어린 마음을 표현하였습니다.

정호영 씨는 자신을 위해 믿고 상담과정을 마칠 수 있도록 함께 해 준 것에 진심으로 고마워하며 "그동안 힘들게 해서 미안하다. 앞으로 가정에 더 충실하겠다"며 아내를 꼭 안아 주었습니다.

구분	10가지 행위	4가지 내면상태	4가지 외면상태	5가지 인지행동
해당사항	매매일지	우울	반격	생각

왜 상을 타가지고!!!

대학생 모의투자대회를 통해 주식중독에 빠져 살았던 20대 김영수 (가명) 님의 사례입니다.

2010년 대학생 모의투자대회에서 우연히 상을 타면서 주식을 시작하게 되었습니다. 모의투자와는 달리 실제 주식투자에서는 이익은커녕 계속해서 손실로 이어졌고 대출까지 받아 투자한 1천만 원을 갚지 못하여 가족에게까지 손을 벌려 대출금을 겨우 갚을 수 있었습니다.

그 후로도 주식을 끊지 못하고 또 몰래 대출을 받아 주식에 투자를 한 것이 손실로 이어지는 행동을 반복하다 보니 늘어나는 것은 빚뿐이었으며 본인의 바람처럼 대박을 지듯 수익을 얻는 기적 같은 상황은 김영수 님에게는 오지 않았습니다.

결국 지켜보던 가족들은 주식투자를 중단하기를 원했지만 손실회수에 대한 미련을 버리지 못하고 계속해서 주식투자를 했습니다.

여동생의 손에 이끌려 〈주식중독예방치유센터〉를 찾아온 김영수 씨는 기본적 주식에 대한 개념이나 이해가 없이 단순히 주식을 잘해서 돈을 벌어야지 하는 한탕주의에 가까운 사고가 내면에 깊이 새겨져 있었습니다.

'자가 진단질문지'와 '세부 진단질문지' 진단으로 주식중독의 정도를 알아보았고 치유 프로그램으로 올바른 주식에 대한 교육과 심리적인 안정을 요하는 상담을 진행하였습니다.

대학생들을 대상으로 취업을 준비하는 과정에서 스펙 쌓기로 주식투자 관련 자격증이 많이 있고 그 자격증을 취득하게 되면 무언가 자신이 전문가가 되어 가는 것 같은 분위기로 흘러가게 되어 있다고 합니다.

그런 상태에서 내담자는 대학생 모의투자대회에 참석하게 되면서 무언가 능력자처럼 자신이 상을 받게 되어 특출한 전문가가 된 것 같은 착각에 빠지게 되었다고 합니다.

주식투자를 위해 나온 각종 자격증은 취업을 할 수 있는 기회를 제공해 줄 수는 있지만 한 번 수익을 냈다는 경험만으로 계속해서 수익을 내는 것이 현실에서는 생각처럼 쉬운 일이 아니기에 김영수 님은 투자하는 과정에서 매우 힘들어했습니다.

치유 프로그램에 참여를 통해 김영수 님은 외부환경으로부터 자신의 반응에 대한 이해와 주식에 대한 올바른 지식 습득에 대해 알게 되면서 자신이 얼마나 무모하게 주식을 해 왔는지 후회하는 모습을 보였습니다.

취업을 하기도 전에 주식투자에 대한 자신감이 붙어 자신에게 기회가 왔다고 여겼고 그러다 보니 쉽게 돈을 벌 수 있겠다는 생각이 들어 취업을 뒤로하고 허비했던 수많은 시간들이 있었음을 돌아보고 안타까워했습니다.

그러나 아직 나이가 젊고 인생에서 다시 시작할 수 있는 또 다른 기회가 많이 있을 것이라는 생각과 자신의 마음을 잘 지킨다면 인생에 대한 목표를 다시 세우고 올바른 삶으로 돌아갈 수 있다는 희망을 얘기했습니다.

상담과정을 통해 김영수 님의 가족과 여동생도 모두 김영수 님이 주식중독에서 벗어날 수 있도록 도와준 〈주식중독예방치유센터〉에 진심으로 고맙다는 인사를 해 주었습니다.

구분	10가지 행위	4가지 내면상태	4가지 외면상태	5가지 인지행동
해당사항	매매기법	내성	반격	감정

제발 도와주세요!

"나는 주식중독자입니다. 제발 도와주세요!"

서형진(가명) 님이 호소의 목소리로 전화가 왔습니다.

서형진 님은 우연히 10년 전에 주식을 시작했습니다. 당시 손실이 너무 컸기에 의지적으로 주식을 끊었다가 3년 전부터 다시 주식을 하게 되었고 지금은 스스로 중독이라고 판단할 만큼 어려움을 호소하며 저희 〈주식중독예방치유센터〉를 찾아 주었습니다.

'자가 진단질문지'와 '세부 진단질문지' 진단으로 주식중독의 정도를 알아보았고 치유 프로그램으로 올바른 주식에 대한 교육과 심리적인 안정을 요하는 상담을 진행했습니다.

더 이상 주식을 하면 안 되는 것을 알지만 뜻대로 되지 않는 자신과의 갈등 속에 패배감과 우울감, 자신에 대한 분노 등 정신적인 압박감이 심하였습니다. 이것의 모든 원인이 주식투자 행위에서 오는 것이라고 생각하며 이러한 환경에서 벗어나기 위하여 서형진 님 스스로 절실히 치유받기를 원하였습니다. 가족이 아닌 당사자가 스스로 치료받기를 원했던 사례입니다.

무엇보다 상담과정에서 긍정적인 측면은 자신의 중독 상태를 스스로 잘 인지하고 있었지만 자신이 어떻게 중독에까지 이르렀는지에 대한 구체적인 원인은 파악하지 못하였습니다. 다만 손실을 보고도 그만두지 못한 것이 결국 중독이 되었다고 막연히 알고만 있었습니다.

왜곡된 사고를 전환시키는 프로그램과 더불어 자신과의 갈등 속에 패배감과 우울감, 자신에 대한 분노 등 정신적인 압박감으로의 회복도 중요하기에 심층적 상담을 병행하며 세부 프로그램을 진행하였습니다.

프로그램을 통해 주식시장에서 외부환경에 대한 자신의 반응을 이해하고 주식에 대한 올바른 지식을 습득하게 되면서 자신의 모습을 더 정확하게 볼 수 있게 되었습니다. 또한, 치유받고자 하는 의지가 강했던 만큼 열정적이고 적극적으로 참여하여 빠른 회복을 보였습니다.

상담을 마치면서 인생의 가장 큰 위기라고 생각하여 이를 해결할 간절한 돌파구가 필요했었지만 그동안 누구한테 요청해야 할지 막막한 심정이었다고 합니다. 그러다가 〈주식중독예방치유센터〉가 있다는 것을 알게 되었고 상담을 통해 처음 기대보다 더 좋은 결과를 얻게 되었다면서 기뻐했습니다. 자신처럼 주식에 중독되었다고 스스로 인지는 하고 있지만 자신을 도와줄 수 있는 곳은 없다고 생각하는 사람들이 주변에 생각보다 많다면서 〈주식중독예방치유센터〉가 꼭 필요하다는 마음을 전해주었습니다.

구분	10가지 행위	4가지 내면상태	4가지 외면상태	5가지 인지행동
해당사항	전환과 제한	분노	반격	감정

너무나 당당한 그녀!

50대의 황옥자(가명) 님은 15년 전 조카가 주식하는 것을 옆에서 눈여겨보다 주식을 시작하였습니다.

집안일은 거의 뒷전으로 하고 하루 종일 주식그래프만 쳐다보며 남편과 자녀들을 돌보지 못하는 상황에 놓여 있었습니다. 게다가 주식할 돈이 떨어지면 공무원인 남편이나 형제들에게 돈을 빌려가며 주식을 했습니다.

그럴 때마다 황옥자 님은 미안해하는 마음은커녕 너무 당당했고 오히려 못하도록 말리는 가족과 형제들에게 화를 냈습니다. 그러다 보니 가족은 속상하고 남편은 아내로 인한 힘든 마음을 술로 달래다 거의 알코올 중독에 가까운 수준까지 가게 되었습니다.

아내가 주식만 끊는다면 남편분도 술을 끊을 수 있다며 꼭 좀 아내가 잘못된 주식투자 행위에서 벗어나게 해 달라고 너무도 간절한 목소리로 부탁하며 저희 〈주식중독예방치유센터〉를 찾아 주었습니다.

'자가 진단질문지'와 '세부 진단질문지' 검사를 통해 황옥자 님의 중독상태는 심각한 상태라는 것을 알게 되었고 주식에 대한 올바른 지식을 습득하도록 하는 프로그램과 자신의 행동으로 인해 주위 사람들이 고통받고 있는 현실을 받아들이는 심리적 치료도 병행하였습니다.

주식 말고는 다른 것에 마음을 둘 수 없던 황옥자 님은 상담을 통해 주식에 대한 왜곡된 지식을 가지고 있었음을 알게 되었습니다. 자신의 모습을 바로 볼 수 있게 되면서 그동안 너무도 무심하게 대했던 남편과 자녀들에게 미안한 마음을 갖게 되었습니다.

어머니는 주식투자로, 아버지는 그런 어머니를 보며 힘든 마음을 술로 달래고 이혼이라도 할 듯이 부모가 매일 다투는 분위기 속에서 자녀들은 어찌할 바를 몰라 안타까워했다고 합니다.

그랬던 자녀들이 〈주식중독예방치유센터〉에 가 상담을 받는 과정을 지켜보면서 부모님이 이제까지 보지 못했던 다정한 모습과 자녀들을 챙겨주는 모습에 너무도 기뻐 고마운 마음으로 부모님께 편지를 썼다고 전해 주었습니다.

구분	10가지 행위	4가지 내면상태	4가지 외면상태	5가지 인지행동
해당사항	주식시장	분노	회피	행위

벼랑 끝에 있는 심정으로!

'남편이 주식에 미쳤어요!'라며 이혼을 심각하게 고려 중이라고 하소연 하는 김유진(가명) 님의 사례입니다.

결혼생활 15년째 입니다.

10년 전 처음 주식을 시작한 첫 해에 1억이란 돈을 손실보고 지금까지 매년 천만 원씩 탕진하고 있다는 것입니다. 남편은 인격적이고 곧은 성품으로 '주식만 아니라면 너무나 괜찮은 사람인데...'라는 말을 하며 많이 안타까워했습니다.

그러나 주식을 매번 끊겠다고 하면서도 누군가 유혹하면 귀가 솔깃해져 끊으려는 의지는 어느새 사라지고 또다시 주식을 하며 앉아 있는 남편을 보면서 더 이상 인내할 수 없겠다는 생각이 들었고 이혼을 생각하면서도 마지막이란 심정으로 저희 〈주식중독예방치유센터〉를 방문하였다고 합니다.

모든 걸 다 만족할 수 있는 남자나 여자는 이 세상엔 없습니다.

그러나 어딘가 중독이란 상태에 빠져서 가정생활도 개인생활도 평탄치 못하다면 아무리 백 가지가 좋아도 결국 포기하게 됩니다.

김유진 님은 그런 벼랑 끝에 있는 듯한 심정을 호소했던 것입니다. 그렇게 함께 찾아온 남편은 '자가 진단질문지'와 '세부 진단질문지' 검사로 중독 상태를 진단한 결과 예상보다 심각한 상태라 주식에 대한 올바른 지식을 습득하도록 하는 프로그램과 심리적 치료도 병행하였습니다.

이 과정에서 자신의 확신이 없음에도 불구하고 계속해서 반복적으로 투자를 해 온 행위가 주식에 대한 왜곡된 지식이었다는 자신의 모습을 바로 볼 수 있게 되었습니다.

남편은 그동안 이제까지 부인에게 자신은 잘했고 주식투자만 성공하면 더 잘해 줄 수 있다는 막연한 기대감이 있었기에 가족이 주식을 그만두라고 할 때마다 섭섭함이 커졌다고 합니다.

게다가 손실이 계속해서 반복되다 보니 더욱더 큰소리 나는 상황이 늘어나 매일같이 다툼이 있었다며 아내인 김유진 님께 미안한 마음을 전했습니다.

구분	10가지 행위	4기지 내면상태	4가지 외면상태	5가지 인지행동
해당사항	주식시장	분노	회피	행위

Part 3

주식시장에 대한
올바른 이해

주식시장에 대한 올바른 이해

1. 주식시장에 대한 이해

1) 개인은 백전백패

조선일보 2013. 03. 21 기사에 의하면, 삼성증권 고객 조사로 본 '주식실패 3대 원인'은 다음과 같다.

첫째 4~5개 종목 투자가 적당한데 개인은 모 아니면 도식으로 투자한다.

둘째, 개인은 대박을 쫓아 저가주만 투자한다. 6년간 개인들의 평균 매수단가는 9천 원이었다.

셋째, 손실 나도 본전만 생각한다. 손해를 보면 손절매를 하지 못하고 오히려 원금에 대한 집착으로 더 큰 손실을 야기한다.

이러한 원인으로 개인들은 주식투자에서 백전백패를 하고 있다.

2) 수수료만 추구하며 책임 안 지는 증권사

조선일보 2013. 12. 02 기사에 의하면, 23개 증권사의 '2013 투자 유망종목 100개'를 분석한 결과 추천 종목의 45%가 수익률 마이너스를 보여 주고 있다.

한겨레신문 2015. 05. 21 기사에 의하면, 2014년 01월부터 2015년 05월 18일까지 증권사 애널리스트의 매수, 매도 보고서를 보면 총 보고서 29,349건 중 강력매수 의견은 80.6%이고 중립 9.6%, 의견 없음이 9.7%이고 매도 의견은 0.1%에 불과했다.

증권사 애널리스트들의 매수 의견을 보고 들어간 고객들은 대부분 손실을 보게 되지만 증권사는 고객의 손실에는 전혀 책임을 지지 않으면서 수수료 수입은 계속 챙기고 있다.

3) 상장기업은 기관과 사전에 결탁

한겨레신문 2014. 02. 07 기사에 의하면, 기업은 내부 실적이 나오면 먼저 증권사의 애널리스트들에게 기업 실적이 악화되었다는 것을 몰래 알려 주고 애널리스트는 기관에게 다시 알려 손실을 예방한다.

이렇게 내부 정보를 미리 안 기관은 개인에게 '주식을 사라'고 권유하며 자신들의 주식을 기업이 실적악화를 발표하기 전에 미리 처분하여 손실을 예방한다. 하지만, 기업의 정보는 모르고 기관의 주식 매수 권유만 믿은 개인은 손실을 고스란히 떠안게 된다.

이런 불공정한 거래를 금융위에서 조사하지만 이미 개인들은 어디에 서고 억울하게 당한 손실을 만회할 수 있는 방법은 요원하다.

4) 정부는 주가로 국정운영 평가

조선일보 2014. 01. 01 기사에 의하면, 세계 주요 지도자들의 2013년 경제 성적표를 평가한 결과 미국의 오바마, 일본의 아베, 독일 메르켈의 주가는 합격점이었다. 하지만, 박근혜 대통령의 성장율은 선방했지만 주가는 0.8% 상승으로 금융위기 전의 4%대에 미치지 못하였다.

오바마는 셰일가스 혁명으로 천연가스와 원자재 값 하락에 의해 주가가 상승하였고, 아베는 아베노믹스로 엔저로 수출경쟁력을 높여 닛케이 주가가 50% 이상 급등하는 아베노믹스효과를 크게 보았다.

이렇듯 세계 대부분의 나라들에서 정부의 국정운영을 평가하는 가장 중요한 지표는 주가인 것이다.

2. 패러다임의 변화

1) 전문가에게 돈 맡기면 돈 벌어 준다는 3백 년 된 폐쇄형 영업방식은 끝남

조선일보 2013. 05. 28 기사에 의하면, 억대 연봉을 받으며 증권사의 꽃으로 불리던 애널리스트들이 구조조정 1순위로 떠올랐다.

거래가 줄어 수익이 악화되자 리서치센터는 돈 먹는 조직이라는 인식이 커져 62개 증권사 애널리스트들이 연초보다 26명이 줄어들었다. 무엇보다도 변별력 없는 애널리스트들의 리포트도 구조조정 우선순위에 들어가는 자충수가 되었다.

이런 흐름은 전문가에 돈 맡기면 돈 벌어 준다는 과거 폐쇄형 영업방식이 끝나고 SNS를 기반으로 정보가 실시간 공유되는 개방형 주식시장이 도래하고 있음을 보여 주는 단적인 신호라고 볼 수 있다.

2) 수년 내 현재 형태 증권사는 없어질 가능성 큼, 2013년 수도권 증권사 지점 150개 폐쇄

조선일보 2013. 08. 20 기사에 의하면, 3년 전 인기 펀드 9개 중 7개가 수익률이 악화되었다.

4천억이 몰렸던 한 펀드는 2010년 29.6%였던 수익률이 2011년 이후 마이너스 12%로 떨어졌다.

저금리로 돈이 풀린 시장에서 규모가 커질 경우 달라진 증시 상황에 대해 대처가 어려울 뿐만 아니라 정보가 실시간으로 공유되는 SNS 사회에서 차별화된 전문성을 보여 주기는 갈수록 어려워지고 있다.

이런 과정에서 2013년 수도권 증권사 지점 150개가 폐쇄되었고 이런 현상은 현재 같은 폐쇄형 형태의 증권사는 없어질 가능성이 있다는 것을 보여 주고 있다.

3) 투자에 나설수록 손해 보는 개인, 자신의 행위를 진단하고 스스로 판단하는 도구 필요

조선일보 2014. 05. 22 기사에 의하면, 2013년 05월부터 2014년 05월까지 1년간 키움증권 3만 1천 명의 증권계좌를 분석한 결과 거래를 하지 않는 휴면계좌가 수익률 상위 30%를 차지했다.

거래하지 않는 휴면계좌가 수익률 상위를 차지한다는 것은 거래를 할수록 손실을 본다는 것으로 그만큼 개인들이 주식투자에서 수익을 올리는 것은 어렵다는 것을 보여 주고 있다.

이런 현상은 투자를 할수록 손해를 보는 개인들이 투자 행위를 올바르게 하고 있는지에 대해 스스로 진단하고 평가할 필요성이 있다. 또한, 투자를 할 때 신뢰할 수 없는 남의 정보에만 의존할 것이 아니라 효과적인 길찾기를 도와주는 네비게이션처럼 효과적인 투자를 도와주는 의사결정 도구가 필요하다는 것을 보여 주고 있다.

3. 언론에 비친 주식투자자

1) 증권사 직원의 말을 믿은 고객이 더 손실 본다

2014. 08. 19 KBS2 아침뉴스타임에 의하면, 전담 증권사 직원의 관리를 받으며 주식에 투자를 한 고객이 그렇지 않은 고객보다 오히려 수익률이 더 낮다는 분석결과가 나왔다. 증권사 직원의 관리를 받은 사람의 수익률이 그렇지 않은 고객보다 오히려 수익률이 6% 낮았다.

거래 회수의 경우에도 증권사 직원의 관리를 받으며 1년에 20회 이상 거래를 한 고객보다 관리를 받지 않으면서 1년에 1회를 거래한 고객의 수익률이 4배가 더 높았다. 고객은 20회 거래를 하며 손실을 보았을 뿐만 아니라 20회에 대한 매매수수료와 세금을 내야 해 손실은 더 커지지만 증권사는 매매수수료 수입을 올리게 되는 것이다. 따라서, 증권사 직원의 매매 권유에 지나치게 의존하지 말고 다양한 정보를 종합하여 매매해야 한다고 전문가들은 조언합니다. 하지만, 다양한 정보를 얻기도 힘들고 얻었다고 하더라도 이를 종합하여 매매할 수 있는 투자자들은 드문 편이라 개인들만 고달픈 곳이 주식시장인 것이다.

2) 주가 폭락 증권사 직원 자살

2011. 08. 11 조선닷컴 기사에 의하면, 최근 주가 폭락으로 고객에게 손실을 끼친데 부담을 느낀 증권사 직원이 아파트 옥상에서 몸을 던져 스스로 목숨을 끊었다.

10일 오전 7시 35분쯤 대구 수성구 만촌동 모 아파트 현관 앞에서 서모(48) 씨가 숨져 있는 것을 이 아파트 경비원이 발견하여 경찰에 신고했다. 유서는 발견되지 않았다.

경찰은 "모 증권회사 대구지점에 근무하는 서 씨는 이날 오전 출근한다면 집을 나선 뒤 아내에게 '미안하다. 힘들어도 잘 이겨내라'는, 회사 지점장에게 '고객들에게 죄송하다. 손실을 입힌 부분은 죽음으로라도 갚겠다'는 문자메시지를 보낸 것으로 조사됐다"고 말했다.

서 씨의 아내(45)는 경찰에서 "며칠 전부터 남편이 '선물옵션 상품 만기일이 돌아오는데 손실이 커졌다'고, '고객들 손실은 우리 재산이라도 팔아 갚아야 한다'는 말을 하면서 걱정했다"며 "(남편이) 정확하게 말하진 않았지만 이번 주가 폭락으로 10억 원 정도는 손실이 난 것 같았다"고 말했다.

경찰 관계자는 "타살 흔적이 없고, 가족에게 걱정의 말을 해 왔던 점 등으로 미뤄 고객 손실에 대한 부담 때문에 스스로 목숨을 끊은 것으로 보고 있다"며 "고객 손실에 대한 책임이 없는데도 서 씨가 자살까지 선택한 경위에 대해서는 조사 중"이라고 말했다.

3) 수수료 눈독, 고객 뒷전 증권사 영업 바뀔까?

2014. 09. 10 한겨레신문 기사에 의하면, "한국에서 주식중개업은 거의 중독성 고객을 상대로 한 스크린 경마와 다를 바 없다"고 주진형 한화투자증권 사장은 말했다.

"위탁매매수수료 중심의 수익 구조를 변경하여 체질개선을 시도했으나 수익 감소를 견디기 어려웠다"며 전 우리투자증권 사장이자 현 박종수 금융투자협회 회장은 말했다.

주진형 한화투자증권 사장은 "'중독성 고객을 상대로 장사'하는 것을 반성해야 하며 이를 위해 현행 수수료 수입을 기준으로 하는 직원 성과급 산정기준을 변경하는 것은 미봉책에 불과하며 고객 자체를 변화시키는 근본적 처방이 필요하다"고 말했다.

하지만, 현행 수수료 수입에 의존하는 증권사의 영업방법이 여전히 유지되고 있는 것으로 보아 이를 바꾸는 것은 매우 어려운 상황이다.

그렇다면 고객 자체를 변화시키는 근본적 처방만이 해결책인데 사실 현재 상태의 주식시장에서 고객 자체를 변화시키는 근본적인 처방을 찾는 것 또한 매우 어려운 상황이지만 건강한 주식시장을 위해 꼭 해결해야 할 과제이다.

Part 4

주식시장에 대한 10가지 카테고리 이해

주.마.다.방

주식시장에 대한 10가지 카테고리 이해

1. 외부환경

1) 나 자신

수식투자하는 법을
가르쳐주세요

주식투자는 기능적으로는 은행에 가서 계좌를 열고 거래하듯이, 증권회사에 가시어 증권계좌를 열고 거래하시면 됩니다. 이런 간단한 기능적인 측면은 논외로 하고 투자하는 방법에 대해 말씀드린다면,

주식투자에 가장 중요한 원칙은 내가 스스로 판단해야 하는 것이지

남에게 내 영혼을 맡기면 절대 안 된다는 것입니다. Never! Never!! Never!!!

자신의 의사결정을 남에게 맡기는 것은 일시적으로는 효과가 있을지 모르나 지속적으로는 희망이 없습니다.

예를 들어, 여행지에 대해 문외한인 두 사람이 가족 여행지를 선택할 때, A라는 사람은 한 사람의 이야기를 듣고 여행지를 결정했습니다. 하지만, B라는 사람은 각 여행지에 대한 데이터를 가지고 그중에서 가장 적합한 지역을 가족 여행지로 결정했습니다.

이 경우 A는 여행지에 대한 선택을 추천자에게 맡긴 것이고 B는 스스로 선택한 것입니다. 이 두 사람이 추후 여행을 한다면 어떤 결과를 예상할 수 있을까요? A는 이전처럼 누군가가 추천해 주지 않으면 움직일 수 없을 것입니다. 하지만, B는 자신이 여러 곳에 대한 데이터를 가지고 스스로 선택하여 움직일 수 있을 것입니다.

현재 주식시장에 참여하는 거의 모두가 자신의 소중한 자산을 A처럼 다른 사람의 정보에 의존하여 투자를 하게 됩니다. 이럴 경우 추천한 사람의 추가적인 말이 없으면 이러지도 저러지도 못하는 안타까운 현실에 처해 있다고 해도 과언이 아닙니다.

만약, 주식에 대해 잘 모르는 초보자일지라도 의사결정을 위한 데이터들이 있다면 위의 B처럼 스스로 투자에 대한 의사결정을 할 수 있을 것입니다. 영혼을 남에게 맡기지 않고 스스로 의사결정을 한다는 것은 남에게 의존하고 투자하는 사람들보다 더 큰 경쟁력을 가지는 것입니다.

뿐만 아니라, 미래에 더 발전할 가능성을 주도적으로 가지는 것임을 상식적으로도 이해할 수 있을 것입니다.

　정부가 운영하는 공공재의 성격을 지닌 주식시장임에도 불구하고 이미 남에게 자신의 영혼과 주도권을 넘겨버린 상태에 있는 사람들은 그 어두운 곳으로부터 빠져나오기는 무척 어려울 것입니다.

　아마도 자신의 모든 것을 소진하고 더 이상 갈 곳이 없을 때야 포기하면서 나오게 되는 경우가 많을 것입니다. 첫걸음부터 올바른 마인드와 방향성을 갖는 것이 매우 중요합니다.

주식투자를 하기 위해
어떤 마인드를 가져야 할까요?

주식투자를 잘하기 위해서는 껌팔이 소녀의 마인드를 가져야 합니다.

그것도 엄동설한에 껌을 팔러 나온 소녀의 마인드를 가져야 합니다. 껌팔이 소녀는 힘이 없습니다. 엄동설한에 나온 껌팔이 소녀는 더 힘이 없습니다. 한마디로 가장 약자입니다.

껌을 1개당 천 원에 판다고 가정할 때 지나가는 행인이 3개를 사면 3천 원어치를 판 것이 될 것이고 운이 좋아 10개를 팔게 되면 만 원어치를 판 것이 될 것입니다.

한 개도 못 팔면 그 날은 공치게 되는 날이 될 것입니다.

만약 한 개도 못 팔았다고 해서 지나가는 행인에게 껌을 사라고 강제로 요구하면 속된 말로 바로 귀싸대기를 맞을 수도 있을 것입니다. 돈도 벌지 못하고 몸도 망가지게 되는 것이지요.

주식투자를 할 때 시장을 존중하는 것이 매우 중요합니다. 지나가는 행인은 시장을 의미합니다. 행인이 사 주면 파는 것이고 사주지 않으면 팔지 못하는 것입니다.

내가 산 종목이 시장에서 가격이 떨어지고 있는데 '오를 거야' 하고 생각한다면 그것은 지나가는 행인에게 강제로 껌을 사라고 하는 것이나 마찬가지입니다.

반대로 가격이 오르고 있는데 '떨어질 거야' 한다면 그것 또한 시장을 무시하는 처사가 될 것입니다.

이렇게 시장을 무시하게 되면 세상에서 가장 연약한 껌팔이 소녀가 지나가는 행인에게 강매를 하려다가 매를 맞듯이 시장에서 손실을 보게 될 것입니다.

주식시장에서 투자를 하려면 종목선정을 하고 매매타이밍을 잡고 리스크 관리를 하고 자산배분을 해야 하는데 이 모든 행위를 하기 위해서는 시장을 존중하는 겸손한 마음가짐을 갖는 것이 가장 중요하다고 해도 과언이 아닐 것입니다.

마치 자신의 기대대로 시장이 움직일 수 있는 것처럼 행동하는 것은 투자가로서 매우 교만한 자세일 것입니다.

세상일도 자신의 뜻대로 되지 않는 것이 이치일진대 하물며 수많은 이해관계자들이 참여하고 있는 주식시장이 자신의 뜻대로 움직일 수 없다는 것은 분명한 사실일 것입니다.

껌팔이 소녀, 그것도 엄동설한에 껌을 팔러 나온 소녀의 마인드를 가지고 주식투자에 참여하면 종목선정이나 매매타이밍, 리스크 관리 측면에서 이미 상당 부분 더 나은 선택을 할 수 있는 자세를 가졌다고 볼 수 있을 것입니다.

왜 개인은 주식투자에서
백전백패하는 것일까요???

돈 벌고 싶다... 왜 돈을 못 벌까???

30년 전이나 10년 전이나 한 달 전이나 지금이나 왜 개인들은 똑같이 간절한 소망을 가지고 있으면서도 똑같이 백전백패하는 것일까요?

① '모 아니면 도'식으로 투자하고,

② 대박 찾아 저가주에 투자하고,

③ 한 종목에 몰빵하고,

④ 손실 나도 본전 생각나 매도 고려하지 않고 원금집착하다 더 큰 손실본다는 데 방법이 없는 것일까요?

(2013년 03월 21일 조선일보 B4면 참조)

개인이 돈 벌지 못하는 이유로 위에서 언급한 내용은 결과론적이고 근본적인 원인은 주식투자에 대한 지식기반이 없다는 것입니다. 즉, 종목선정, 매매타이밍, 리스크 관리 등 운영전략이 없다는 것입니다.

운영전략이 없다는 것은 판단능력이 없다는 것을 의미하고, 판단능력이 없음에도 불구하고 막연한 기대감이나 근거 없는 자신감을 가지고 주식시장에 뛰어드는데 이것은 투기입니다. 투기는 분명히 잘못인 것입니다. 잘못된 것은 반드시 손실로 연결되는 것이 이치인 것입니다.

개인들이 특별한 교육 없이 지식기반을 단기간에 갖기는 힘듭니다. 지식기반이 없다면 투자에 판단기준이 되는 운영전략을 세울 수가 없습니다. 운영전략이 없이 투자를 하면 100% 손실이므로 투자를 해서는 안 되는 것입니다. 그러면, 운영전략은 없지만 투자는 해야 하는데 방법이 없는 것일까요? 이미 많은 손실을 보았는데 만회할 수는 없는 것일까요?

운영전략에 대한 판단기준이 있으면 됩니다. 하지만, 상황에 따라, 사람에 따라 달라지는 막연한 판단기준은 안 됩니다. 그것은 판단기준이라고 할 수 없습니다. 정확성과 신뢰성을 가지고 있으며 객관성과 재현 가능성을 보여 주는 계량화된 판단기준이 필요합니다. 계량화된 판단기준은 상황이나 사람에 의존하지 않을 뿐만 아니라 스스로 판단할 수 있게 하여 자신감을 줍니다.

운영전략의 중요한 요소인 종목선정, 매매타이밍과 관련한 계량화된 판단기준은 올바른 의사결정을 할 수 있도록 도와줍니다. 과학적 근거를 가진 계량화된 판단기준을 가지고 한 올바른 의사결정은 투기하듯 복불복의 막연한 기대감이나 근거 없는 자신감으로 주식시장에 뛰어들어 돈도 잃고 자신도 망치는 어리석은 결과를 막아줍니다. 또한, 올바른 의사결정에 의해 종목선정과 매매타이밍을 잡으면 향후 발생할 수 있는 리스크를 사전에 예방하는 효과가 있어 수익은 당연히 따라오는 선물이 됩니다.

이렇듯 분명한 기준을 가지고 투자를 하게 되면 시간이 지날수록 실력이 발전하고 자신감을 가지게 되어 일석이조의 효과를 볼 수 있습니다. 예를 들어, 부산을 갈 때 'T-map'이나 네이버의 '빠른 길 찾기'의 과학적인 근거를 가진 계량화된 시뮬레이션 데이터를 통해 판단기준을 갖게 되면 막연한 기대감이 아니라 실제로 자신감을 가지게 됩니다. 자신감으로 인해 올바른 의사결정을 스스로 할 수 있게 되고 그 결과 가장 효과적으로 부산에 갈 수 있으며 향후 다시 부산을 갈 때 더 효과적인 방법을 찾는데 도움이 될 것입니다.

빅데이터를 기반으로 과학적 방법에 의해 정확성과 신뢰성을 확보하여 종목선정, 매매타이밍 등에 대해 객관적이고 재현 가능한 시뮬레이션 데이터를 컴퓨팅을 통해 제공한다면 투자가가 올바른 의사결정을 할 수 있도록 도울 수 있습니다.

과학적인 근거에 의해 정확성과 신뢰성을 확보한 시뮬레이션 데이터를 사용하게 되면 종목선정, 매매타이밍 등 주식투자 운영전략에 대한 올바른 의사결정을 하게 되며 그 결과 자연스럽게 수익을 얻게 되는 것입니다. 결국, 돈 벌고 싶은데 왜 돈을 못 벌까? 하는 질문을 통해, 운영전략이 없는 개인은 결코 돈을 벌지 못한다는 것을 인식하게 되고, 이로 인해 신뢰성을 가진 의사결정 도구가 있다면 돈을 벌 수 있다는 답을 찾게 되는 것입니다.

또한, 투자자 내면의 잘못된 행위 메커니즘은 개인들이 백전백패하는데 중요한 요인으로 이해되고 있습니다. 투자자 내면의 행위 메커니즘을 이해하는 것은 투자 행위의 알파와 오메가라고 할 수 있습니다. 이에 대한 부분은 뒤편에 나오는 'Part 5의 1. 투자자 행위에 대한 이해'에서 자세히 말씀을 드리도록 하겠습니다.

2) 기업

우량주는 무엇을 기준으로
우량주라고 하나요?

보통 대형주를 일컫는 블루칩을 우량주라고 합니다. 이런 우량주는 기업분석적인 측면에서는, 계량화하기 어려운 요소인 1. 경영자, 2. 시장성, 3. 기술성 측면에서 다른 종목보다 우수합니다.

투자분석적인 측면에서는, 투자했을 경우 1. 투자금이 안전해야 하는 안정성, 2. 투자했으면 수익이 나야 하는 수익성, 3. 향후 투자 대박이 예상되는 성장성의 측면에서 다른 종목에 비해 우수한 특징을 보인다고 할 수 있습니다.

이러한 우량주는 시장이 오를 때 함께 오르며 떨어질 때는 다른 종목보다 덜 떨어지는 특징을 가지고 있습니다. 하지만, 주식시장은 여러 요인에 의해 매우 가변적일 수 있는데 일반적으로는 이런 주식시장과 연동하여 우량주를 구분함으로써 오류를 범하는 경우가 많습니다. 이런 오류를 방지하기 위해 시장 상황이 어떠하든지 기업 자체의 본질적 가치를 판단하여 우량주를 선별하는 것이 무엇보다 중요할 것입니다. 가변적으로 변하는 시장 상황에 따르지 않고 기업의 본질적 가치를 기준으로 좋은 종목을 구분하였다면 남보다 더 유리하게 투자수익을 얻을 수 있는 기회를 잡은 것이라 해도 과언이 아닐 것입니다.

정리하면, 우량주는 보통 대형 블루칩을 일컫는데, 정성적인 측면의 경영자, 기술, 시장과 정량적인 측면의 안정성, 수익성, 성장성 측면에서 다른 주식들에 비해 우수하다고 판단되는 종목을 말합니다.

이런 우량주일지라도 시장 상황에 따라 그 가치가 가변적일 수 있지만 시장 상황에 따른 가치가 아니라 기업 자체의 본질적 가치를 평가하여 종목을 선정한다면 투자에 있어 시작부터 남보다 유리한 고지를 점령했다고 할 수 있을 것입니다.

전체 종목에서 자신이 우량주를 선별하는 것도 의미가 있겠지만 개인이 이를 선별하는 것은 어렵습니다. 그러므로 유명 기관 등에서 추천한 우량주 종목 중에서 1차적으로 종목을 선별한다면 자신이 판단하는 데서 오는 오류를 상당부분 줄일 수 있을 것입니다. 유명기관에서 추천한 종목들을 대상으로 빅데이터를 분석한 결과를 참조한다면 우량주를 효과적으로 투자하는 데 매우 유용할 것입니다.

주가 변동은
어떻게 예측합니까?

위 질문에 대해 주가 변동을 예측할 때 계절에 따라서 주가가 변동할 수 있고 국내·외 정치환경 등에 따라서 주가가 변동할 수 있다는 식의 다분히 모호하고 비과학적이며 추상적이고 후행적인 주식 변동 예측은 논외로 하였습니다. 또한, 기업 인수합병 시 주가가 변동할 수 있다는 식의 나름대로 타당성이 있더라도 매매타이밍에 효과적으로 활용할 수 없어 투자의 객관성과 재현 가능성을 보여 주지 못하는 주가 변동 예측 또한 논외로 하겠습니다.

일반적으로 결과를 도출할 때 1. 원인을 통해 결과를 도출하는 일반적인 방법이 있고, 2. 결과에 영향을 미치는 원인을 분석하여 정리한 후 정리한 내용을 근거로 결과를 예측하여 노출하는 방법이 있습니다. 이러한 방법은 전문성을 요하는 방법들입니다.

재무관리 교과서를 보면 기업의 가치는 주가로 결정된다는 말이 있습니다. 이것을 근거로 2처럼 주가를 파악한 후 주가에 영향을 미치는 원인을 분석하여 정리한 후 정리한 내용을 근거로 주가를 예측하는 것이 매우 효과적인 방법이 될 수 있습니다. 주가에 영향을 미치는 요소는 기업에 포커스를 둔 기업분석과 투자에 포커스를 둔 투자분석을 통해 도출할 수 있습니다.

기업분석은 경영자, 시장성, 기술성으로 구분할 수 있는데 각각의 가중치는 일반적으로 경영자 40%, 시장성 35%, 기술성 25%이며 이 세 요소의 결과물이 재무제표입니다.

투자분석은 안정성, 수익성, 성장성으로 구분할 수 있는데 기업분석과 투자분석의 결과물이 주가입니다. 기업분석과 투자분석을 통해 주가와 상관관계가 높은 요소들을 정리할 때 전문가들을 대상으로 한 설문조사를 통해 고려 요소를 추출하여 비교한다면 결과에 대한 신뢰성을 더욱 높일 수가 있을 것입니다. 이리한 고려 요소를 적용하기 위해 충분한 데이터를 확보한 후 고려 요소를 적용하면 주식 변동을 효과적으로 예측할 수가 있습니다.

예를 들어, 야구에서 각 상황에 따른 고려 요소를 정리한 후 이를 데이터에 적용하여 얻은 결과를 근거로 전략을 구사하여 승리를 얻는 것도 같은 맥락이라 할 수 있습니다. 주식시장은 야구보다는 훨씬 많은 샘플 데이터를 확보할 수 있어 변동 예측 가능성이 훨씬 더 신뢰도가 높다고 할 수 있을 것입니다.

부연하여, 1. 경영자, 시장성, 기술성의 정성적인 요소들을 계량화하여 주가와의 상관관계를 파악하고, 2. 재무제표에 근거한 정량적인 요소들 또한 주가와의 상관관계를 파악합니다. 파악한 상관관계를 유의미한 기간 동안 유의미한 샘플 데이터에 적용하여 얻은 결과를 바탕으로 주식 변동을 예측함으로써 객관성과 재현 가능성을 높인다면 신뢰성과 정확성을 확보하였다고 볼 수 있습니다.

주가와 재료 중에서
무엇을 보고 투자해야 하나요?

상당히 의미 있는 질문입니다.

주가란, 말 그대로 주식가격을 말하는 것이고, 재료란, 기업 실적과 직·간접적으로 관련되어 있는 관련한 뉴스로 주로 주식시장에서 공시되는 내용 등을 말하는 것입니다. 예를 들어, 경영이나 제품생산, 판매 등과 관련하여 기업경영 또는 실적과 관련한 내용들입니다.

재무관리 교과서를 보게 되면 기업의 가치는 주가로 결정된다는 말이 있습니다. 즉, 기업의 주가가 기업과 관련한 모든 것의 최종 결과물이라고 이해하셔도 무방할 것입니다. 그런 면에서, 기업에 투자할 때는 재료보다는 주가를 보고 투자해야 하는 것이 맞습니다.

그러면 재료는 주가와 어떤 관계가 있을까요?

경영자, 시장, 기술 등 기업운영과 관련한 것들이 재료이고 이들 재료의 결과물을 숫자로 표현한 것이 재무제표이며 이에 대한 분석을 기업분석이라고 합니다.

기업분석이 이루어지면 투자와 관련하여 투자분석을 하게 되는데 이때 가장 중요한 부분이 주가입니다. 이런 관계를 통해 재료를 보고 주가를 추정할 수 있지만 한편으론 주가를 보고 그 기업의 재료를 추정할 수도 있습니다.

주식투자에서 매매타이밍을 잡는 것은 매우 중요합니다. 매매타이밍을 잡기 위해서는 투자하고 묻어두는 장기 투자인 경우를 제외하고는 재료를 보고 매매타이밍을 잡는 것은 매우 어렵습니다. 그런 면에서, 투자의 시그널인 주가를 보고 매매타이밍을 잡는 것이 타당할 것입니다.

예전에, 대형투자회사의 한 펀드매니저를 만난 적이 있는데 당시에 어떻게 펀드를 운영하는지 대화를 나눈 적이 있습니다. 삼성전자의 경우 50만 원이 되면 리서치센터에서 더 오른다고 해도 비싸니까 팔고 30만 원이 되면 더 떨어질 수 있다고 해도 싸니까 산다고 하였습니다. 저는 "왜 삼성전자를 투자하느냐?"고 물으니 삼성전자의 반도체, 핸드폰, 가전제품 등이 경쟁력이 있어서 산다고 하였습니다. 그러면 "50만 원, 30만 원을 투자하는 것이냐? 아니면 반도체, 핸드폰, 가전제품을 투자하는 것이냐?" 물으니 의아해하면서 "무슨 뜻이냐?"고 그 펀드매니저가 되물은 적이 있습니다.

일반적으로 투자자는 투자할 때 주가 즉, 시그널을 보고 투자하면서도 생각은 그 기업의 아이템 등 재료를 사고판다고 하는 오류를 범하는 인지부조화 현상을 보입니다. 이렇게 생각과 행동을 다르게 투자하는 것이 주식시장에 보편화되어 있고 이는 대부분 손실로 연결되는 주요한 이유가 될 것입니다.

정리하면, 대부분 투자가들은 재료를 보고 투자를 하지만 실제로는 기업의 가치를 나타내는 결과물인 주가를 보고 투자를 하는 것이 올바른 투자입니다. 이런 원칙에 근거하여 결과물인 주가에 영향을 미치는 재료들을 분석하고 각각의 중요도를 따져 고려 요소를 정한 후 이를 알고리즘화한 후 이를 통해 추천종목을 생성합니다. 이렇게 생성된 추천종목 정보는 매우 유의미하다고 할 수 있을 것이며 감각에 의존하여 하는 것보다 훨씬 더 신뢰감이 있는 투자를 경험하실 수 있을 것입니다.

3) 주식시장

내일의 주가는
아무도 모른다는데 맞나요?

내일의 주가는 아무도 모른다는 것은 맞지 않는 말입니다.

내일의 주가를 아무도 모른다면 주식시장은 '돈 놓고 돈 먹기'식의 그 야말로 도박판일 것입니다. 주식시장은 정부가 운영하는 공공재 성격을 지니고 있는데 정부가 이런 도박판을 운영할리는 없지 않겠습니까?

그러면, 내일의 주가를 알 수 있다는 말인가? 하는 의문이 들 것입니다. 내일에는 크게 두 가지가 있습니다. 1. 언제 교통사고가 날지 등 과거 스토리가 없는 내일과, 2. 언제 거래처를 만날지, 월급을 언제 탈지 등 과거 스토리가 있는 내일이 있습니다.

주식시장은 스토리가 있는 내일이라 과학적 분석으로 예측이 가능하다고 할 수 있습니다. 그래야 정부가 주식시장 운영에 개입하는 명분이 있습니다. 그러기에 주식투자는 알면 과학이고 모르면 투기라는 말도 일맥상통하는 말입니다. 예를 들어, 어떤 사람이 부산을 간다고 할 때 그 사람이 어떤 방식으로 갈지 투자를 하라고 한다면 투자할 수 있을 것입니다. 단, 신뢰도 확보를 위해 과거에 어떤 상황에서 어떤 방식으로 갔는지에 대한 샘플을 5만 번 이상 테스트를 통해 검증했어야 한다는 전제가 필요합니다.

또 다른 예로, 선거방송을 할 때 여러 가지 조건들에 의해 어느 후보가 승리할 것인지에 대한 예측을 많이 하는데 이 또한 신뢰도 있는 검증을 거친 로직에 의해 나온 결과입니다. 이 결과에 근거하여 어느 후보가 승리할지 투자하라고 한다면 의사결정이 쉬워질 것입니다. 개표도 하지 않았는데 예측방송을 보고 자신들의 승리에 대해 환호성을 올리는 것을 볼 수 있는데 이런 것들이 미래예측에 대해 사람들이 신뢰성을 가지고 있다는 좋은 증거가 될 것입니다. 만일, 선거에서 '누가 승리할지는 아무도 모르니 어차피 투기 아니겠느냐'는 식으로 한다면 요즘 시대에 아마 그 사람은 판단능력이 부족한 사람으로 조롱거리가 될 수도 있을 것입니다.

정리하면, 내일의 주가는 아무도 모른다는 것은 과학적인 부분을 배제한 채 인문학적인 사고에서 나온 것으로 수정이 필요한 전제일 것입니다. 이 전제를 굳이 수정한다면, '내일의 주가는 예측할 수 있다. 단, 5만 번 이상의 신뢰도 있는 검증을 거쳐야만 한다'라고 할 수 있을 것입니다.

이런 근거에서 볼 때 과학적인 절차를 거쳐 완성된 알고리즘을 통해 정보를 생성하고 분석하여 투자한다면 투자에 유용한 정보의 신뢰성과 정확성을 확보할 수 있을 것입니다.

꼭 알아야 할 주식 지표와
차트의 종류가 있다면 무엇이 있을까요?

주식투자에 있어 꼭 알아야 할 지표와 차트를 알아보기 위해서 먼저 기본적 분석과 기술적 분석에 대한 이해가 필요합니다.

기본적 분석은 기업 자체의 상태 및 실적과 관련 있는 것이고, 기술적 분석은 기본적 분석의 내용들이 주가와 어떻게 관련이 있으며 주가들이 어떤 모양으로 표현되고 있는가를 보여 주는 차트와 관련 있기 때문입니다.

먼저 알아야 할 지표와 관련해서는, 기업 자체의 상태 및 실적과 관련해 크게 1. 투자한 기업이 안전한지에 대한 안정성, 2. 돈을 벌고 있는지에 대한 수익성, 3. 향후 발전 가능성이 큰지에 대한 성장성의 측면에서 주요 지표를 파악하는 것이 필요합니다.

① 안정성 지표의 대표적인 것은 부채비율을 들 수 있을 것입니다. 부채는 상대평가를 고려한다면, 업종별 부채비율 평균과 비교해서 높은지 낮은지로 평가해 볼 수 있고, 절대평가를 고려한다면 자산 대비 100이하일 때 안정적이라고 할 수 있을 것입니다.
② 수익성 지표의 대표적인 것은 매출액 대비 이익률(EPS)과 자기자본 대비 이익률(ROI)이라고 할 수 있을 것입니다. 정상적인 영업을 통해 이익을 얼마나 냈는지? 투자한 자본 대비 얼마나 돈을 벌었는

지?는 수익성을 파악하는 데 가장 중요한 지표라고 해도 과언이 아닐 것입니다.

③ 성장성 지표의 대표적인 것은 매출액, 영업이익, 순이익 증가율입니다. 짧게는 최근 3년여, 길게는 최근 5년여 동안 매출액과 영업이익 및 순이익이 어떻게 증가해 왔는지? 그 증가율의 질이 의미가 있는 것인지?는 성장성을 파악하는 데 중요한 지표입니다.

증가하는 매출액, 영업이익, 순이익이 정상적인 영업활동 또는 신규사업 런칭 등을 통해 이루어지고 있다면 질적으로 증가율이 의미가 있다고 볼 수 있습니다.

안정성, 수익성 및 성장성 지표를 통해 기업의 실적을 파악했다면 이런 실적이 현재의 주가에 적정하게 반영되었는지에 대한 지표를 파악하는 것이 필요합니다.

이와 관련한 대표적인 지표로는,

① 순이익이 주가에 적절하게 반영되었는지에 대한 수익률 대비 주가비율(PER)과

② 매출이 주가에 적절하게 반영되었는지에 대한 매출액 대비 주가비율(PSR)과

③ 자산이 주가에 적절하게 반영되었는지에 대한 자산 대비 주가비율(PBR)입니다.

이런 지표들은 기본적으로 수치가 낮을수록 저평가된 것으로 볼 수 있으며 다소 수치가 높다고 하더라고 동종업종의 평균 수치와 비교해 보는 것이 합리적인 판단을 하는데 도움이 될 것입니다. 지표에서 나타나는 비율을 통해 적절한 이익, 매출액, 자산을 추정해 볼 수 있을 것이고, 반대로 이익, 매출액, 자산을 보고 적절한 주가를 추정해 볼 수 있을 것입니다. 또한, 다른 요소들을 고려하지 않는다는 전제하에서, 현재 주식 시장에서 거래되고 있는 주가가 과대평가되었는지 과소평가되었는지 파악할 수 있을 것입니다.

알아야 할 차트와 관련해서는, 크게 거래량과 이동평균선을 들 수 있을 것입니다.

① 거래량을 통해 투자가들의 에너지를 파악할 수 있어 상승 시 거래량이 많다면 그 의미가 큰 반면 상승은 하지만 거래량이 적다면 의미 또한 적다고 할 수 있을 것입니다. 반대로, 하락 시 거래량이 많다면 동일하게 파악하셔도 무방할 것입니다.

② 이동평균선의 경우는 5일, 20일, 60일, 120일, 200일 등 단기, 중기, 중·장기적인 흐름을 통해 어떤 방향성을 가지고 있는지를 파악하는데 유용할 것입니다. 특별히, 이러한 선들이 교차하는 시점이 향후 방향성에 대해 파악하는 데 중요한 포인트입니다. 각각의 선들은 의미가 있지만 특별히 60일 선은 여러 가지로 유의미한 선이라고 할 수 있을 것입니다.

정리해 보면, 기업의 실적 및 상태를 파악하고 파악된 실적이 주가에 어떻게 반영되었는지에 대한 지표를 파악하고 실제 주식시장에서 어떻게 차트로 반영되고 있는지를 파악하는 것이 투자에 있어 중요합니다. 하지만, 이러한 지표 및 차트에서 가장 유념해야 할 사항은 이런 지표 및 차트는 이미 노출된 정보라는 것입니다. 모든 사람에게 노출된 정보를 가지고 투자하는 것의 결과는 이미 손실이라고 봐도 과언이 아닐 것입니다.

자신만의 지표와 차트를 반영한 독자적인 매매패턴을 개발하는 것이 매우 중요합니다. 이런 독자적인 매매패턴을 갖는다는 것은 '평생 한 가지만 개발해도 모든 것을 팔고 투자에 올인할 수 있다'는 말이 있을 정도로 어렵습니다. 만약, 독자적인 매매패턴이 개발되고 이를 반영한 알고리즘이 있다면 이는 1. 지표로는 경영자, 시장, 기술성 등 기업의 정성적인 요소와 정량적인 요소인 안정성, 수익성 및 성장성의 다양한 지표들과 주가와의 관계를 분석하여 반영한 것이어야 의사결정에 도움이 될 것입니다. 또한, 2. 차트로는 기본 이동평균선 뿐만 아니라 1일, 2일, 3일 등 다양한 이동평균선과 보조지표 등을 분석하여 주가와의 상관관계를 파악하여 반영한 것이어야 의사결정에 도움이 될 것이며, 이로 인해 객관성과 재현 가능성 및 정확성과 신뢰성을 확보할 수 있을 것입니다.

매수세가 강해지면
주식이 올라가고 경제가 좋아지나요?

매수세와 주식이 올라가는 것의 관계성에 대해 살펴보면, 주식시장은 주식을 살려는 매수 세력과 팔려는 매도 세력의 대충돌 현장입니다. 이 충돌에서 매수세가 매도세보다 강하면 주가는 올라가고 반대로 매도세가 매수세보다 강하면 주가는 당연히 떨어지는 것이 기본 이치입니다. 이런 이치에도 불구하고 매수세가 강한 것과 주가의 관계는 몇 가지 측면에서 세심하게 살펴보아야 할 사항들이 있습니다.

① 주가가 현재 어떤 범위에 있느냐는 것입니다. 주식가격은 크게 저점, 상승, 상승안착, 고점의 4가지 범위로 계속해서 가격 사이클이 형성되는데 이 사이클 중 주가가 어떤 범위에 있느냐를 파악하는 것이 매수세에 따른 향후 주가의 방향을 예측하는 데 도움이 되는 고려 요소가 될 것입니다. 예를 들어, 계곡에 있으면 산 정상을 바라보며 올라갈 것을 생각하고 산 정상에 오르면 계곡을 바라보며 내려갈 것을 생각하듯이, 저점 범위에서 매수세가 강하면 주가는 크게 장기적으로 올라갈 가능성이 높다고 할 것입니다. 하지만, 반대로 고점 범위에서는 매수세가 강하더라도 저점에서 매수한 투자가들의 수익 실현 욕구가 커 상승에는 한계를 보이게 되고 결국 하

락하게 될 가능성이 높습니다.

② 수급주체가 누구냐는 것입니다. 주식을 사고파는 수급주체는 크게 외국인, 기관, 개인, 프로그램이 있습니다. 세계 주식시장에서 차지하는 비중이 적은 한국 주식시장의 경우 일반적으로 위 수급주체 중 외국인의 영향력이 가장 크다고 할 것입니다. 외국인의 매수세가 강할 때는 주가가 오를 가능성이 매우 크며 개인의 매수세가 강할 때는 그 영향력이 제한적인 것을 볼 수가 있습니다. 특히, 개인의 매수세가 강할 경우에는 외국인 및 기관들이 수익 실현을 위해 주식을 매도하여 오히려 주가가 떨어지는 경우가 많습니다.

③ 매수의 질입니다. 매수의 질이란 것은 다소 설명이 어려울 수 있지만 최대한 쉽게 설명을 하겠습니다. 주식시장에서 외국인이나 기관들은 위험을 회피하기 위하여 주식과 선물을 합성한 전략을 많이 사용합니다. 예를 들어, 선물 만기에 일정한 주가가 되었을 경우 수익을 낸나는 섯에 투사를 했을 경우 선물 만기 시점에서 복표한 주가를 만들기 위해 강하게 매수할 수가 있습니다. 이런 매수에 의해 올라간 주가는 실제적인 기업 가치와 상관이 없으므로 선물만기가 끝나고 나면 다시 매물이 되어 주가가 하락할 가능성이 큽니다. 현재 주가가 높다고 판단되어 주식을 빌려 주가가 떨어지는 것에 투자를 하고 주가가 떨어지면 저렴한 가격에 그 주식을 사서 되갚는 공매도의 경우도 잘 살펴보아야 합니다. 주식을 빌려 매도를 쳤는데 자신의 예상과 달리 주가가 떨어지지 않고 반대로 오를 경우 오

를수록 손실을 보게 되므로 빌린 주식을 되갚기 위해 서둘러 주식을 매수하게 됩니다. 이런 매수에 의해 오른 주가는 전자의 예와 같이 그 의미가 약하다고 볼 수 있습니다.

④ 한편, 매수세가 강하다는 것의 의미로 실제로 주식을 사지 않으면서 살 것처럼 매수주문을 많이 냈다가 취소하는 것 등이 사용되는 경우가 많습니다만, 이런 허위매매나 서로 짜고서 주문을 내서 주가를 올리는 통정매매 등은 법으로 엄격하게 규제받을 뿐만 아니라 실제로 시장에서 정상적으로 주식을 매수하는 것과는 다른 것이라 이런 매수는 매수와 주가의 관계성을 설명하는 예로는 부적절할 것입니다. 다만, 이런 매수가 주가에 영향을 미칠 수 있다는 것에 대해서는 유념할 필요가 있습니다.

주식가격이 오르는 것과 경제가 좋아지는 것의 관계성에 대해 말씀드리면, 주식가격이 오를 때 경제가 좋아지느냐에 대한 질문은 본질적으로 기업의 실적에 근거하여 주식 매수가 이루어질 때 경제가 좋아진다고 할 수 있을 것입니다.

매수세와 주가의 관계성에 대한 설명의 내용을 근거해 볼 때,

① 주식가격이 저점 범위에 있을 때 사거나

② 수급주체 중에서 외국인이나 기관이 살 때는 실제적인 기업의 가치와 연동하여 살 가능성이 높다고 볼 수 있습니다. 이런 경우 기업은

좋은 자금을 시장에서 원활하게 조달하고 조달된 자금으로 사업을 효과적으로 전개하게 됩니다. 이런 선순환은 생산성 향상, 고용창출 등의 효과로 연결되어 경제가 좋아지게 됩니다.

정리하면, 주식을 살려는 매수세가 강하면 주가가 오르고 주가가 오르면 경제가 좋아지는 것이 기본 이치이나 여러 가지 측면에서 매수에 대한 질적인 부분을 고려하여야 올바른 투자를 할 수 있을 것입니다.

시세는 시세에 물어보라는 것은
무슨 뜻인가요?

시세라는 것은 주식시장에서 현재 가치를 반영한 주가를 말하는 것입니다. '기업의 가치는 주가로 결정된다'는 교과서의 말처럼 현재의 주가인 시세는 기업의 모든 것을 대변하고 있어 그 중요성이 매우 큽니다. 그러므로 주가를 존중해야 한다는 것은 '시세는 시세에게 물어보라'는 의미와 일맥상통한다고 볼 수 있습니다. 시세를 존중하지 않고 자의적으로 판단한다면 이는 교과서를 무시하게 되는 것이므로 단기적으로 운 좋게 수익을 보더라도 결국 손실로 연결될 수밖에 없을 것입니다.

주가는 떨어지고 있는데 '오를 거야' 한다든지 오르고 있는데 '언젠가는 떨어질 거야 그때 사야지' 등 시장을 거스르는 자신의 자의적인 판단으로 매매한다면 그 결과는 불을 보듯 뻔할 것입니다. 문제는 시세, 즉 시장을 존중하는 것은 훈련을 통해 습관으로 체화되지 않는다면 매우 어렵다는 것입니다. 단적인 예로 시장에 참여하는 제도권의 전문가들조차도 시장을 존중하지 않은 것이 현실이기 때문입니다.

예를 들어, 삼성전자가 현재 주식시장에서 한 주당 150만 원에 거래되고 있다고 가정한다면 '원래 가치는 2백만 원인데 싸니까 사라' 혹은 '원래 가치는 100만 원인데 지금은 비싸니까 사지마라' 등 현재 시장의 가치를 무시하고 자의적으로 판단한 내용들을 근거로 펀드를 모집하거나 자산을 운영하는 것이 현실입니다. 이런 현실에서는 제도권의 전문가들은 결과에 대해서는 책임지지 않고 손실에 대한 것은 고객에게 모두 돌리며 자신들은 수수료 수입만을 추구하는 경향을 보이고 있습니다.

이런 경향은 펀드를 운영하는 개인의 특성에 의한 것이 아니라 주식시장이 구조적으로 그렇게 되어 있어 전문가들에게 결과에 대한 책임을 묻는다는 것은 어렵다는 것을 사전에 이해할 필요가 있습니다.

반면에 비제도권의 전문가들은 시장을 존중합니다. 예를 들어, 어떤 종목의 본질가치는 1,000원밖에 하지 않는데 주식시장에서 100만 원에 거래되고 있다면 100만 원을 인정한다는 것입니다. 이는 기업의 모든 가치는 주가로 결정된다는 교과서의 논리를 충족시키는 것입니다. 하지만, 이들은 지식기반이 약해 리스크 관리 능력이 없어 많은 사람들에게 서비스할 수 없다는 단점을 가지고 있습니다.

이런 맥락에서 다른 측면을 살펴보면, 제도권 투자회사들의 주식을 사라는 매수리포트와 팔라는 매도리포트 중 매수리포트가 압도적으로 많은 것을 볼 수 가 있습니다.

이는 투자자들이,

① 사는 것에 대해서는 매우 신중하다는 것을 의미하며,
② 사는 것은 시장에서 형성된 가격을 사는 것이라 잘못되어 욕을 먹을 가능성이 적고,

③ 또 사라고 권해 사람들이 많이 들어와야 투자회사가 수익을 얻을 수 있기 때문에 중립과 의견 없음까지 포함하여 매수리포트가 전체 리포트의 95% 이상을 차지하고 있습니다.

반면 매도리포트는,

① 투자자들은 작은 이슈들에도 쉽게 부화뇌동하여 주식을 매도하는 경향이 있어 권하지 않아도 스스로 쉽게 팔고,
② 매도는 자신의 행위를 확정하는 것이라 잘못 권하면 욕을 먹을 가능성이 높고,
③ 고객들이 매도를 해도 투자회사 자신들의 수수료 수입은 유지되므로 굳이 매도 리포트를 할 이유가 없는 것입니다.

이를 정리하면, 사는 것은 '시세는 시세에게 물어라'는 것에 부합하지만, 파는 것은 자신의 생각대로 하는 경향이 많다는 것을 의미합니다. 이런 측면에서는, 자신이 주식을 살 때 사는 이유와 어떤 상황에서 팔 것인지에 대한 분명한 매도 시나리오를 사전에 하고 정리한 대로 사고파는 것이 매우 중요합니다.

이렇게 정리한 대로 하는 사람은 설혹 지금은 손실을 보더라도 보다 지속적으로 나은 방향으로 정리를 해 나간다면 자신의 노하우가 쌓여 발전할 가능성이 매우 높습니다. 부연하여, '시세는 시세에게 물어보라'

는 말은 '시세에 순응하라'는 말과도 같다고 할 수 있을 것입니다. 즉, 시장을 존중하라는 것입니다.

시세를 나타내는 주가와 관련 있는 1. 각국의 주가, 2. 시장의 에너지, 3. 수급주체들의 동향, 4. 경제 펀더멘털, 5. 대내외 경제 및 정치 이슈 등 고려 요소들에 대해 장기간 매매일지를 작성하여 이들의 상관관계를 파악한 후 이를 계량화한다면 투자에 매우 유용한 도구가 될 것입니다.

금융권과 주식의 연관 관계는?

금융권이라고 하면 주식과 채권 등 유가증권, 부동산, 예금과 현금, 곡물과 구리 등 실물과 관련된 금융상품 등이 모두 포함된 개념입니다. 한마디로 돈을 가지고 있는 곳이라고 할 수 있습니다. 이런 개념에서 볼 때 주식은 금융권에 속해 있는 일부분이지만 한편으로는 주식은 그것을 발행하는 원천인 기업의 가치를 상징하는 것이 될 것입니다.

이런 맥락에서 금융권과 주식의 관계는 곧 금융권과 기업의 관계라고 이해하는 것이 질문에 대한 답을 얻는데 보다 효과적이라 할 수 있을 것입니다. 금융권과 주식 또는 기업의 좀 더 세부적인 관계를 살펴보면,

① 돈의 흐름 측면입니다.

돈은 크게 주식, 부동산, 예금으로 흐른다고 할 수 있습니다. 20세기 가장 유명한 경제학자의 한 사람인 케인즈도 포트폴리오에 대해 언급하면서 크게 이 세 가지로 자본을 분산하여 투자하는 것을 언급하고 있습니다. 주식은 고수익을 얻을 수 있지만 고위험이 있는 자산입니다. 부동산은 주식보다는 위험이 적으면서 어느 정도 안정적인 수익을 기대할 수 있는 자산입니다. 예금은 저금리 시대에서는 수익이 적지만 위험도 거의 없다고 할 수 있습니다.

이런 관계 속에서, 예금 금리가 낮으면 수익을 추구하는 자본은 부

동산으로 이동할 것이고 더 큰 수익을 원하는 자본은 주식으로 이동할 것입니다. 즉, 금리가 낮으면 자본이 주식시장으로 이동하여 주식가격이 오르는 효과가 있을 것입니다. 반대로, 금리가 높아지면 위험성이 높은 자산이 주식시장에서 자금이 이탈하여 안전한 이자수익을 얻을 수 있는 은행으로 이동하고 주식시장은 하락하는 효과가 있을 것입니다.이렇게 저금리 기조 속에서 금리에 의해 자본이 주식시장으로 이동하여 상승효과를 보는 장세를 유동성 장세라고 합니다. 유동성 장세에서는 주식시장에 돈이 많이 유입되어 있는 상태입니다. 유동성 장세는 전반적으로 주식시장이 좋은 상태를 유지합니다. 이때는 정부의 금융통화위원회에서 정기적으로 결정하는 금리를 잘 살피는 것이 중요합니다. 정부는 시중에 돈이 많이 풀렸다고 생각하면 물가안정 등 여러 기대효과를 위해 풀린 돈을 회수하려고 금리를 올리게 되는데 이런 금리인상의 효과로 시중이 돈이 높아진 이자수익을 얻기 위해 일정 기간이 지나면 은행으로 들어오게 됩니다. 이때 주식시장에서는 돈이 빠져나가 주가가 떨어지게 되는 것이 일반적인 현상입니다.

② 경기와 관련한 측면입니다.

경기가 좋지 않으면 기업들은 자금을 확보하기 위해 주식 또는 채권 발행을 많이 하게 됩니다. 이때는 같은 금액을 조달하는데 주식투자자에게 주식을 더 많이 주어야 하고 채권 인수자에게는 더 많은 이자를 주어야 합니다. 이런 측면에서 볼 때 경기가 좋지 않을 때는 기업들에게 자본을 조달해 주려고 하는 금융권은 활력이 있을 수 있으나 자본을 조달하려고 하는 기업의 주식가격은 떨어지게 됩니다. 이때 금융권은 기업에 대한 영향력이 커지게 됩니다. 반대로 경기가 좋으면 자본조달에 문제가 없는 기업들의 주식가격은 오를 것이고 기업에 대한 금융권의 영향력은 적어질 것입니다.

③ 본질적인 기업의 가치와 관련한 측면입니다.

주식을 발행하는 원천은 기업입니다. 경기와 돈의 흐름과는 상관없이 기업 지체적으로 좋은 실적과 이에 따른 가치를 가지고 있다면 그 결과에 따라 발행된 주식의 가격은 오를 것입니다. 이때는 경기가 좋을 경우와 마찬가지로 금융권으로부터 받는 영향은 적을 것입니다. 사실, 본질적인 기업의 가치가 주식가격에 가장 중요한 요소라는 것은 아무리 강조해도 지나치지 않을 것입니다.

정리해 보면, 돈은 크게 안전자산인 예금과 위험자산인 주식을 오고가는 특성이 있으며 예금이 있는 곳을 크게 금융권이라 지칭할 수 있을 것이고 주식을 발행하는 원천은 기업입니다. 금리가 낮거나 경기가 좋으면 자본조달이 쉬워져 기업은 금융권의 영향을 적게 받게 되고 기업의 주식가격도 오를 것입니다. 부연하여, 이런 금리와 경기 등은 경제 펀더멘털과 관련 있고 이 경제 펀더멘털은 전체 주식시장 및 개별기업의 주가와도 상관관계가 밀접합니다. 이런 상관관계를 포함하여 다양한 요소들을 분석하여 알고리즘화한 후 이를 통해 얻은 정보들을 투자에 잘 활용한다면 매우 유용할 것입니다.

정권마다 주식시장의
특징이 있습니까?

정권마다 주식시장의 특징이 있다고 하는 말은 상당히 정치적인 의미를 담고 있는 용어라 역대 정부마다 산업의 특징이 어떠했는지를 알아보는 것이 주식시장이 어떠했는지를 판단하는 데 효과적인 근거가 될 것입니다. 당시 특징이 있었던 산업에 속해 있는 기업들이 주가에 영향을 받았을 것이고 그 기업이 속해 있는 전체 주식시장에 영향을 미쳤을 것이기 때문입니다.

해방 후 이승만 및 장면 정부는 1차 산업인 농업과 식품 위주의 사업들이 경제 전체에 영향력을 미쳤고 이때 식품 등의 산업에서 창업된 회사들이 성장하여 후에 사업다각화로 중공업 분야에 진출한 사례가 많습니다.

박정희 정부는 방직 위주의 경공업 산업이 안정성을 이루고 이 안정성 기반 위에 포항제철 등 기간산업인 중공업을 일으켜 산업이 본격적으로 성장하는 기틀을 마련하였으며 고환율, 저임금 등의 대내외적인 환경에 힘입어 수출 위주의 기업들이 성장하였고 중동붐을 타고 건설업도 호황을 맞았던 시기였습니다.

전두환 및 노태우 정부는 산업의 양적 성장과 물가안정이 이루어진 시기이며 전 세계적으로 호황을 이룬 대외적인 환경에 좋은 영향을 받았던 시기이기도 하였습니다.

김영삼 정부는 금융실명제와 지자체 등으로 성장에 대한 것들을 내부적으로 정비해가는 시기였지만 압축 성장에 따른 후유증이 노출되어 IMF의 금융지원 및 제재를 받는 등 매우 어려운 상황에 놓이게 된 시기였습니다.

김대중 정부는 IMF 위기를 구조조정, 인력감축 등을 통한 기업의 효과적인 체질 개선이 이루어져 IMF 금융위기를 극복하고 향후 양적뿐만이 아니라 질적으로도 성장할 수 있는 발판이 마련되었으며 기업의 글로벌화와 공기업의 민영화가 이루어진 시기였다고 할 수 있습니다.

노무현 정부는 기업의 글로벌화 및 공기업의 민영화가 가속화되며 자본의 양적성장이 급격히 이루어져 주가가 2천을 넘었으나 급격한 양적성장에 의한 부담감이 함께 상존했던 시기였다고 할 수 있을 것입니다.

이명박 정부는 초기의 고환율 정책 등으로 인해 대기업들이 혜택을 보며 엄청난 부를 이뤄냈으나 대기업에만 편중되어 양극화가 심화되었고 이는 주식시장에도 그대로 반영되었습니다.

2008년도에는 리먼브라더스 붕괴와 서브프라임 모기지 사태에 따른 미국발 금융위기로 주가가 1천 이하로 떨어지는 어려운 시기도 있었습니다. 하지만, 과거 어려움을 통해 개선된 기업체질에 힘입어 단기간에 주식시장이 회복되는 성과를 이루는 등 드라마틱한 요소가 여러 차례 있었습니다. 이 과정에서 대부분의 성과들이 대기업 중심으로 이루어졌다는 부담감을 함께 가졌던 시기였다고 평가받고 있습니다.

앞으로도 대외적인 환경과 정부정책에 따라 국가의 산업들이 특성별로 평가될 수 있고 그 특성에 따라 전체 주가의 방향성이 결정되고 그 방향성에 따라 업종별 주가가 영향을 받고 그 업종별 주가에 따라 개별 주가가 여전히 영향을 받게 될 것입니다. 하지만, 투자에 있어 대외적인 환경을 기준으로 기업의 미래를 판단하기보다는 대외적인 환경과는 상관없이 기업 자체의 본질가치를 파악하는 것이 매우 중요하다는 것을 잊어서는 안 될 것입니다.

'한국형 토빈세' 검토가
증시에 영향이 있을까요?

　토빈세의 검토보다는 도입에 초점을 주고 판단을 해 보는 것이 더 의미가 있을 것이지만, 토빈세 도입 자체에 대해 논의하는 것이 투자자들이 개별 주식을 투자하는데 얼마나 큰 상관관계가 있을지에 대해서는 의문이 듭니다. 왜냐하면, 장기 투자자의 시각에서 큰 흐름을 파악하는 것은 의미가 있겠지만 일반투자자들이 개별 주식의 매매타이밍을 잡는데는 그리 큰 효과가 있을 것이라 생각되지 않기 때문입니다. 하지만, 질문이 나온 만큼 성심껏 알아보도록 하겠습니다.

　토빈세는 노벨상을 수상한 미국의 경제학자 토빈이 제창한 개념으로 단기자금이 국경을 넘을 때 세금을 매기자는 것입니다. 1972년 고정환율제도를 표방했던 브레튼우드 체제가 붕괴되면서 국경을 넘는 자본에 과세를 하여 환율을 안정화시키자는 취지를 가지고 있습니다.

　토빈세 실행의 긍정적인 효과는 자본의 이동 시 거래세가 발생함으로써 급격한 핫머니의 유입을 막고 자금이 급격히 이탈하는 것을 방지하는 것입니다. 하지만, 부정적인 효과는 국제 간에 자본의 이동에 대해서는 과세하지 않는 OECD 국가 간의 기본 약속이 지켜지지 않는다는 부담이 있습니다. 이럴 경우 자본의 유입이 제한되고 유입되어 있던 자본들도 이탈할 가능성이 있기 때문입니다.

기업이 자본을 조달하는 창구인 주식시장은 이미 0.5%의 거래세가 부과되고 있고 토빈세 부과가 예상되는 채권 자본은 주식투자 자본과 달라 토빈세가 도입되더라도 주식시장에는 큰 영향이 없을 것으로 판단됩니다. 다만, 채권이나 외환에 거래세가 부과되면 금리상승 효과와 외환 및 채권거래 위축으로 기업들이 자금조달에 애로를 갖게 되고 기업 활동 또한 위축되어 기업 가치를 나타내는 주가에 부정적인 영향을 받을 수도 있습니다. 즉, 주식시장에 부정적인 영향이 발생할 수도 있을 것입니다.

　정리하면, 토빈세의 도입은 자본시장에 개입하는 부정적인 효과가 있어 영국, 일본, 스위스 등이 도입했다가 포기한 사례가 있습니다. 이런 현실에서 도입의 효과를 보려면 그 타이밍이 중요하다고 판단됩니다. 타이밍이 맞을 경우 토빈세의 도입은 주식시장에는 큰 영향이 없을 것으로 판단됩니다. 다만, 세수 확대를 위한 토빈세의 도입은 실효성에 의문이 있을 수 있습니다. 오히려 토빈세의 도입으로 시장에 대한 지나친 규제, 거래 위축 등의 부정적인 측면이 부각된다면 이로 인해 전체 자본시장이 위축될 경우 주식시장에 부정적인 영향을 줄 수도 있을 것입니다.

　하지만, 이 또한 우리나라에서 고금리의 혜택을 보려는 외국자본의 특성과 우리나라의 역량을 볼 때 가능성은 크지 않을 것이라 판단됩니다. 부연하여, 여러 번 강조하지만 주식투자의 기본적인 목적을 고려할 때 토빈세 도입 등 외부환경이나 심지어는 주식시장 자체에 대해 관심을 갖는 것도 의미가 있을 것입니다. 하지만, 기업 자체의 본질적인 가치와 빅데이터 분석을 통한 미래의 가치를 예측하는 것이 더욱 의미가 있을 것입니다.

북한 핵실험이
국내 증시에 미치는 영향은?

국내 증시에 영향을 미치는 요소는 다음과 같이 크게 다섯 가지로 분류할 수 있을 것입니다.

① 미국, 유럽, 중국, 일본, 동남아, 남미 등 각국의 주가입니다.

　선진국 대형 펀드의 운영자가 각국의 투자자금을 돌리므로 각 나라의 주가는 국내 증시와 밀접한 관계가 있다고 할 수 있습니다.

② 국내 증시의 에너지입니다.

　증시는 매수 세력과 매도 세력의 대충돌 현장이라고 할 수 있습니다. 이 충돌 에너지가 어느 방향으로 움직이는지가 국내 증시에 중요한 영향을 미치는 요소가 될 것입니다.

③ 각 수급주체의 동향입니다.

　주식을 사고파는 주체는 기관, 외국인, 개인, 프로그램으로 이들의 동향이 국내 증시에 중요한 영향을 미치는 요소가 될 것입니다.

④ 펀더멘털입니다.

　국내 경제에 중요한 영향을 미치는 유가, 환율, D램, 금값 등의 동향이 국내 증시에 중요한 영향을 미치는 요소가 될 것입니다.

⑤ 국내·외적인 정치 및 경제 이슈들입니다.

예를 들어 이라크, 아프카니스탄 사태, 대통령 탄핵 등이 될 것입니다. 이러한 이슈들은 국내 증시에 단기적으로 부정적인 영향을 미치는 경향이 있으나 투자가들의 학습효과로 인해 얼마 지나지 않아 복원되는 특성을 보이고 있습니다.

이러한 관점에서 볼 때, 북한 핵실험은 5의 국외적인 정치 이슈의 하나라고 할 수 있습니다. 그러므로 단기적으로는 국내 증시에 영향을 미칠 수는 있지만 얼마 지나지 않아 복원되는 특징을 보인다고 할 수 있을 것입니다.

과거 사례를 보면, 2006년 10월 09일 1차 핵실험, 2009년 05월 25일 2차 핵실험 때도 주가는 빠르게는 3일, 길면 30일 이내에 핵실험 전의 수준 또는 그 이상으로 복원되었습니다. 핵실험은 아니지만 북한과 직접 관련이 있었던 1999년과 2002년 연평해전 때는 오히려 주가가 올랐고, 2010년 발생했넌 연병노 포격 및 전안함 사건 때도 주가는 단기간에 원래 상태로 복원되었던 것을 볼 수가 있습니다.

이런 결과들을 볼 때 다른 국내·외적인 정치 및 경제 이슈들의 경우에 국제 간의 공조 가능성 및 외교역량에 대한 기대감으로 인해 주가가 복원되는 특성을 보이듯 핵실험 또한 국내 증시에 큰 영향을 미치지 못한다고 할 수 있을 것입니다. 오히려 핵실험 등 대외적인 정치 이슈들이 발생하면 단기간에 주가가 복원되는 특성을 고려하여 저가로 투자할 수 있는 기회가 될 수도 있을 것입니다.

다른 관점에서 보면, 국내 경제에 늘 북한리스크는 상존해 있었고 이것이 국내 경제가 수치적으로 상당한 결과를 얻었음에도 불구하고 다른 나라 증시에 비해 국내 증시가 저평가되는 주요한 요인이었다고 할 수 있습니다.

다른 측면으로 살펴보면, 핵실험 이후 단기간 내에 또 다른 유사한 상황이 연속적으로 발생할 경우 국내 증시에 상당한 부담요인이 될 수 있을 것입니다. 예를 들어, 파생상품인 옵션의 경우 주가가 연속해서 오르거나 내린다면 분명한 방향성을 가지고 있다고 판단되어 풍선이 부풀듯이 변동성 가치가 급속하게 증가하는 것과 같은 맥락에서 이해할 수 있을 것입니다.

정리하면, 핵실험은 대외적인 정치이슈로 단기간에 국내 증시에 영향을 미칠 수는 있어도 곧 복원되는 특징이 있어 결국 국내 증시에 영향이 작다고 할 수 있을 것입니다. 하지만, 이런 이슈가 단기간에 연속적으로 발생한다면 투자가들에게 방향성이 설정되는 효과가 있어 상당한 부담요인이 될 수 있을 것입니다. 부연하면, 대외적인 환경보다는 역시 기업 자체의 가치가 매우 중요하다고 할 수 있을 것입니다. 기업 자체의 가치와 주가의 상관관계에 대한 이해를 먼저 가진 후 핵실험 등 대외적인 환경과 주가와의 관계까지도 고려한다면 효과적인 투자를 할 수 있을 것입니다.

2. 개별행위

주식투자 시 반드시 고려해야 할 사항은 무엇입니까?

주식투자의 4대 요소는 크게 1. 종목선정, 2. 매매타이밍, 3. 자산배분, 4. 리스크 관리입니다.

종목을 선정할 때는

① 정성적인 요인과 정량적인 요인 등 기본적인 요소를 평가하여 어떤 기업인지? 투자가치가 있는 것인지 1차적으로 판단한 후

② 주가에 영향을 미치는 대내적인 요인과 대외적인 요소 등 부가적인 요소를 평가하여 좋은 기업인지를 가늠하고

③ 신뢰노가 있는 방법들로 기업 가치를 평가하여 현재 시장가격과 비교하여 가격의 적정선을 판단합니다.

종목이 선정되면 매매타이밍을 잡는데

매매타이밍을 잡기 위해서는 모델링과 컴퓨팅 기법 등을 통해 다양한 환경 가운데서 일어났던 사례들을 계량화하여 미래를 예측하는 것이 매우 중요합니다. 예를 들어, 야구경기에서 주자가 있을 때와 없을 때 다른 타자들을 내보내고, 왼손 투수와 오른손 투수에게 강한 타자들을 내보

내는 것 등을 적용하여 크게 성공한 사례가 있습니다. 일기예보에서도 비가 올 확률을 예측하는 것도 같은 맥락에서 이해할 수 있을 것입니다.

주식시장에는 야구나 일기예보보다 훨씬 많은 샘플들이 존재하고 있어 과학적인 기법들에 의해 효과적인 예측을 할 수 있습니다. 현재 주식시장에 '내일의 주가는 귀신도 모른다'는 식의 잘못된 논리가 광범위하게 퍼져있는데 이는 바로 잡아져야 할 것입니다. 내일의 주가는 아무도 모른다는 것은 주식시장이 완전히 투기장이라는 것을 말하는 것으로 이는 정부가 운영을 감독하는 주식시장의 기본 취지와는 맞지가 않습니다.

공공재 성격을 가진 주식시장에서 주식투자를 할 때 효과적인 매매타이밍을 잡기 위한 다양한 기법들을 활용할 수가 있기에 주식투자는 알면 과학이지만 모르면 투기라는 말은 매우 일리가 있는 말일 것입니다. 그런 면에서, 모델링 기법과 컴퓨팅으로 빅데이터를 분석할 수 있다면 투자에 있어 그 활용성이 매우 클 것입니다.

자산배분은

신의 영역이라고 할 만큼 인간의 탐욕과 큰 관련이 있어 일반 개인이 극복하기에는 매우 어려운 분야입니다. 예를 들어, 천만 원을 투자할 경우 한 번에 10만 원씩 자산을 배분하여 투자한다고 가정했을 때 극단적으로 모두 손실을 본다고 하여도 100번의 투자 기회를 가질 수 있을 것입니다. 하지만, 훈련되지 않은 사람은 처음에는 신중하게 10만 원씩 여러 차례를 투자하여 수익을 올리게 된 후 더 많은 자본을 투자하지 못한 것이 아쉬워 원칙을 잊어버리고 몇 백만 원을 한 번에 투자하게 됩니다. 이때 손실을 보게 되면 기존의 수익뿐만 아니라 그 이상을 모두 손실 보는 상황이 될 것입니다.

이렇듯 투자 시 자산배분이 제대로 되지 않는다면 한 번에 투자 기회를 모두 날릴 수도 있는 최악의 상황을 맞을 수도 있습니다. 이런 면에서 자산배분은 투자에 있어 매우 중요한 요소라고 할 수 있을 것입니다.

리스크 관리는

위에서 언급한 대로 본질적인 측면으로 가치를 평가하여 종목이 선정되고 매매타이밍을 효과적으로 잡는다면 리스크 관리는 저절로 될 것입니다. 다만, 종목선정과 매매타이밍을 효과적으로 하였다고 할지라도 자산배분이 제대로 이루어지지 않는다면 항상 리스크는 존재할 것입니다.

정리하면, 주식투자 시 반드시 고려해야 할 사항은 1. 종목선정, 2. 매매타이밍, 3. 자산배분, 4. 리스크 관리입니다.

주식투자 위탁계좌의 약 90%가 손실을 보는 사례만 보더라도 위의 고려 요소 중 한 가지를 습득하는 것도 어려운데 개인이 이를 모두 습득하는 것은 매우 어려운 일일 것입니다. 설령 습득을 하더라도 장시간이 소요될 것입니다.

1) 종목선정

종목선정은
어떻게 하나요?

주식투자를 하기 위한 4대 요소는 종목선정, 매매타이밍, 자산배분, 리스크 관리입니다. 이 4대 요소는 서로 독립적인 것이 아니라 상호 간에 유기적으로 연결되어 있습니다. 이 중 종목을 선정하는 것과 언제 사고팔지에 대한 매매타이밍은 매우 유기적으로 연결되어 있습니다. 기능적인 행위의 순서로는 종목을 선정한 후 매매타이밍을 보는 것이 상식입니다. 하지만, 의사결정에 영향을 미치는 것으로 순서를 보면 매매타이밍을 보고 종목을 선정할 수도 있습니다.

종목선정을 위해 보다 구체적으로 살펴보도록 하겠습니다.

(1) 본질적으로 투자가치가 있는지를 파악하여 종목을 선정하는 방법이 있습니다. 이를 보다 자세히 설명하면,

① 기업의 기본 고려 요소를 파악합니다. 기본 고려 요소는 경영자, 기술, 시장 등 정성적인 요소와 정성적인 요소의 계량화된 결과물인 재무제표를 통해 안정성, 수익성, 성장성 등 정량적인 요소들을 파

악하여 투자할 만한 기업인지 가늠해 봅니다.

② 투자여부를 가늠해 본 후에는 종합주가지수, 동종업종, 개별기업 주가 등 시장의 분위기와 기업의 주가에 영향을 미치는 대내외적인 요소를 파악합니다. 이를 통해 좋은 기업인지 여부를 파악합니다. 대내외적인 요소는 다음과 같습니다.

- 대내적 요소: 기술력, 원가경쟁력, 자산과 시가총액의 비교, 수익 지속 의 여부 등

- 대외적 요소: 성장산업, 시장점유율 1위, 소비자 신뢰 등

③ 좋은 기업인지의 여부가 파악된 후에는 기업의 타당한 가치가 얼마 인지를 파악합니다. 가치파악은 매출기준에 의한 가치, 본질가치, 현금흐름할인법 등 다소 전문적인 지식을 요하는 방법을 통해 한 주당 주가를 산출해 본 후 현재 시장에서 거래되고 있는 주가와 비 교해 봅니다. 주가를 비교해 보면 수익을 낼 수 있는지? 수익을 낸 다면 어느 정도 수익을 낼 수 있는지? 아니면 손실을 보게 될 것인 지? 손실을 보면 얼마나 보게 될 것인지? 감을 잡을 수가 있습니다.

④ 기업 자체의 가치 파악은 종목선정에 대한 분명한 기준과 자신감을 줄 것입니다.

(2) 시장 상황을 보며 종목을 선정하는 방식이 있습니다. 이 방식은 매 일 변하는 시장 상황에 따라 종목을 선정하는 것으로 대부분의 투자가 들이 선호하는 방식입니다. 하지만, 앞서 말한 (1)의 기업 자체에 대한 가

치파악이 되지 않으면 수익을 내기 매우 어려운 방식입니다. 종목 자체 및 가치에 대한 분명한 기준을 가지고 있지 않은 상황에서 거래한다는 것은 자신의 감각에 의존한다는 뜻으로 향방 없이 달리기를 하는 것과 같다고 볼 수 있습니다. 이는 대부분 손실로 연결되며 수익이 나더라도 객관성과 재현 가능성 및 지속 가능성이 없다고 보아도 무방할 것입니다.

부연하여 설명하면, 정보의 비대칭성은 존재하지 않는다는 말은 '나는 알고 너는 모르는 정보는 존재하지 않는다'는 말입니다. 정보의 비대칭성이 존재하지 않기에 주식시장에서 수익을 내는 것은 매우 어려운데 이런 교과서적인 지식을 무시하고 나만 알고 있다고 믿는 정보를 활용해 종목을 선정하려고 시도하면 손실이 날 수밖에 없습니다. 상식적으로도 어디에서 무엇을 하건 남들과 같은 방식으로 해서는 경쟁에서 이길 수 없다고 하는데 남들과 같은 방식으로 시장 상황을 보며 종목을 선정하는 것은 당연히 손실로 가는 지름길 일 것입니다.

자신의 기준이 없이 시장 상황을 보며 그때그때 종목을 선정하고 매매하는 사람들은 자신들의 생각이 시장 상황과 맞지 않게 되면 '내일의 주가는 아무도 모른다', '쉬는 것도 투자다' 등 잘못된 논리를 마치 진리처럼 이야기하게 되는 것입니다.

정리하면, 종목을 선정할 때는 기업 자체 및 가치에 대한 자신의 정확한 기준을 가지고 종목을 선정해야 시장 상황이 어떻게 변할지라도 흔들리지 않고 투자할 수 있을 것입니다.

마치 자신에 대한 파악이 잘된 사람은 주변의 환경이 어떻게 변할지라도 흔들리지 않고 자신의 길을 가거나 환경에 적응하더라도 보다 효과적으로 잘 조화를 이루며 더 좋은 결과를 만들어 낼 수 있는 것과 같은 이치일 것입니다. 부연하여, 기업 자체의 가치와 관계있는 정성적인 요소 및 정량적인 요소들이 기업의 주가와 어떤 상관관계가 있는지를 파악하여 종목을 선정하는 것이 중요합니다.

이렇게 선정된 종목은 전체적으로 주가가 상승하면 같이 상승하고 주가가 하락하게 되어도 상승하거나 덜 하락하는 특징을 보여 주게 되어 투자에 매우 유용합니다.

계란을 한 바구니에
담지 말라는 말이 무슨 뜻인가요?

1981년 노벨경제학상을 받은 제임스 토빈에게 기자들이 분산투자에 대해 물었을 때 알기 쉽게 표현하기 위해 '계란을 한 바구니에 담지 말라'고 이야기했습니다. 이것이 다음 날 신문에 크게 나면서 종목선정 시 분산투자의 중요성에 대해 이야기할 때 격언처럼 쓰이는 표현이 되었고 포트폴리오 이론을 표현하는 좋은 예이기도 합니다.

제임스 토빈은 젊은 시절 투자할 때 현금을 주식에 반, 채권에 반씩 투자하며 실제로 분산투자를 실천해 계란을 한 바구니에 담지 않는 투자 습관을 익혔다고 합니다. 투자를 위해 종목을 선정할 때 안정성, 수익성, 성장성 등을 고려하여 여러 종목을 선정한 후 분산하여 투자한다면 위험을 많이 줄일 수가 있습니다. 이 포트폴리오 이론을 실제적으로 검증한 포트폴리오 선택이론을 발표하여 1990년 노벨경제학상을 받은 사람이 마코위츠입니다.

그의 이론에 의하면 종목을 15종목 이상으로 분산하여 과거의 데이터를 통해 미래를 예측한다면 위험의 95%를 줄일 수 있다고 하였습니다. 투자를 위해 종목선정을 고려할 때 노벨경제학상을 통해 신뢰성을 확보한 포트폴리오 이론과 포트폴리오 선택이론에 대한 이해를 근거로 전략을 짠다면 리스크를 줄이고 수익을 낼 수 있는 확률을 높일 수 있을 것입니다.

자신이 투자를 위해 종목선정을 할 때 어떻게 하고 있는지? 대박을 노리고 한 종목에 모두 투자하는 것은 아닌지 돌아봐야 할 시점입니다.

2) 매매타이밍

매매타이밍은 어떻게 잡나요?

　종목선정, 매매타이밍, 리스크 관리, 자산배분 등 투자의 4대 요소 중 매매타이밍은 종목선정보다 그 중요성이 덜하지 않습니다. 이 두 가지가 리스크 관리에 상당부분 영향을 미치게 됩니다. 매매타이밍은 매수타이밍과 매도타이밍으로 구분할 수 있습니다.

　매수타이밍은,

　(1) 주가에 영향을 미치는 요소들을 잘 분석하여 잡을 수 있습니다. 주가에 영향을 미치는 요소는 크게 다섯 가지가 있습니다.

　① 각 나라의 주가입니다. 미국 등에 있는 펀드매니저가 전 세계의 돈을 움직이게 되므로 미국과 유럽, 동남아, 중국, 일본, 남미 등 각 나라의 주가는 한국의 주가와 밀접하게 연관되어 있습니다.
　② 주식시장의 에너지입니다. 주식시장은 매수 세력과 매도 세력의 대충돌 현장입니다. 매수 세력이 더 강하면 주가는 상승할 것이고 반대의 경우는 하락할 것입니다. 에너지가 주가의 방향성에 영향을

미치게 됩니다.

③ 수급주체의 동향입니다. 주식을 사고파는 주체인 외국인, 기관, 개인, 프로그램의 동향이 주가에 영향을 미칩니다.

④ 펀더멘털입니다. 유가, 환율, 금리, 금값, D램 등이 주가에 영향을 미칩니다.

⑤ 국내·외 경제 및 정치이슈입니다.

위 다섯 가지 중 ①, ②, ③은 단기적으로 주가에 영향을 미치고 ④는 중·장기적으로 영향을 미칩니다. ⑤는 상황에 따라 단기일 수도 있고 중·장기적일 수도 있으며 영향을 미쳐도 다시 복원되는 특징을 보이는 경향이 있습니다. 위 다섯 가지 영향을 받는 주가를 잘 살펴 매수타이밍을 잡을 수 있을 것입니다. 요즘은 모델링과 컴퓨팅 기법이 발전하여 위 다섯 가지 요소들이 주가에 미치는 영향을 계량화한 후 매수타이밍을 잡을 수 있고, 매수할 때 시뮬레이션을 통해 수익과 손실이 어떻게 될 것인지에 대해서도 사전에 예측할 수 있습니다.

(2) 이동평균선 및 차트 분석을 통해 매매타이밍을 잡을 수 있습니다. 이동평균선의 경우 5일, 20일, 60일, 120일, 200일선을 일반적으로 사용합니다. 이 선들의 배열과 교차 및 차트의 모양을 보고 타이밍을 잡게 됩니다. 이러한 방법은 일반적인 것으로 시장 상황에 따라 감각적으로 매매하는데 사용되어집니다. 이렇게 잡은 매매타이밍은 당장은 유용해

보이기도 하지만 이미 많은 사람들이 사용하는 노출된 방법이라 수익을 내는 것은 쉽지가 않습니다.

(3) 스토리텔링을 통해 매수타이밍을 잡는 것입니다. 일반적으로 기업의 계절별 변동 상황이나 뉴스를 보고 그 사안들에 대하여 향후 스토리가 어떻게 전개될지를 소설을 작성하듯하여 매수타이밍을 잡는 것입니다. 이런 방법은 통찰력을 요구하는 매우 창의적인 방법이라 할 수 있습니다. 스토리텔링의 가장 큰 장점은 비록 주가가 오르지 않을 경우라도 뉴스가 살아 있는 한 주가가 크게 떨어지지 않는 하방경직성이 유지된다는 것입니다.

매도타이밍과 관련하여,

(1) 주가에 영향을 미치는 요소들을 계량화하여 모델링 및 컴퓨팅 기법을 통해 매수하였을 경우 동일한 방법을 통하여 매도타이밍을 잡을 수 있을 것입니다. 즉, 매수한 종목을 매도하였을 때 수익을 볼 확률과 예상 수익률 등을 시나리오 별로 파악하여 가장 좋은 결과를 낼 경우의 매도타이밍을 미리 파악해 놓았다가 그 타이밍이 오면 매도하는 것입니다.

(2) 이동평균선 및 차트에 의한 매도는 선들의 배열 및 교차 등의 신호를 통해 매도타이밍을 파악할 수 있습니다. 특별히, 이동평균선 중에서

는 60일선의 의미가 가장 커 이 선에서 지지를 받느냐 저항을 받느냐의 여부가 단기 주가의 방향을 파악하는 데 유용합니다. 차트를 통해서 매도 타이밍을 잡을 때 일반적으로 주가만 중요시하는 경향이 있으나 차트의 모양이 형성된 기간도 상당히 중요합니다. 예를 들어, 주가가 고점을 형성하는데 20여 일이 걸렸다면 저점을 형성하는데도 20여 일이 걸릴 수 있다는 것을 염두에 두어야 할 것입니다. 부연하여, 주식시장은 산(고점)과 골짜기(저점)와 평지의 무한 반복인 특성을 가지고 있습니다. 개별 주식은 고점에서 저점으로 저점에서 고점으로 사이클이 무한 반복인 특성을 가지고 있습니다. 두 개의 조합을 잘 보면 언제 매수할지를 파악하는 데 유용하지만 언제 매도할지를 파악하는데도 매우 유용할 것입니다. 산과 골짜기와 평지의 시장 특성과 고점에서 저점으로, 저점에서 고점으로 사이클이 도는 개별주가의 특성을 조합한 후 빅데이터를 분석하여 시뮬레이션을 한다면 투자에 매우 유용할 것입니다.

(3) 스토리텔링을 통해서 투자할 경우는 매수타이밍을 잡을 때 미리 작성해 놓았던 매도타이밍이 왔을 때 자신을 믿고 반드시 매도하는 것이 매우 중요합니다. 예전에 잘 아는 투자자가 국민은행을 산 적이 있는데 뉴스와 관련하여 향후 전개될 스토리를 작성해 본 후 사야 할 이유를 10가지를 적고 매수한 적이 있습니다. 이때 사야 할 이유 중 한 가지라도 유지가 되지 않으면 매도하는 것으로 정하고 투자를 하는 것을 자문해 준 적이 있습니다. 투자하고 난 후 가격의 등락이 심하자 투자자는 매도

를 하려고 하였고 저는 사야 할 이유 10가지가 유지되는 것을 제시하며 매도를 만류한 적이 있습니다. 저의 만류에도 불구하고 투자자는 매도했고 처음 매수 시 설정한 기간이 되어 주가를 추적해 보니 사야 할 이유 10가지 중 몇 가지가 변동이 생겼을 때 매도하였다면 500% 이상의 큰 수익을 볼 수 있어 매우 안타까운 적이 있었습니다.

정리하면, 매수타이밍은 잘못 살지라도 시장의 가격을 사는 것이므로 시장을 존중하는 것이 되어 실수할 가능성이 적지만 매도타이밍은 평가이익 혹은 손실을 확정하는 행위이므로 더 중요하다고 할 수 있습니다. 주식을 매수하게 되면 자신의 자본이 투여됨으로 투자자는 예민해져 잘못된 판단을 내릴 가능성이 커지므로 매수할 때는 반드시 미리 매도에 대한 시나리오를 갖는 것이 매우 중요합니다.

유의미한 기간 동안 유의미한 샘플을 분석하여 객관성과 재현 가능성을 확보한 매매패턴을 개발하고 이를 통해 매매타이밍을 잡게 되면 신뢰성과 정확성을 가질 수 있습니다. 이는 매수할 때 이미 가상의 매도를 염두에 둔 시뮬레이션 데이터를 알 수 있다는데 그 가치가 크다고 할 수 있습니다.

주식시장에서 마음을 다스리는 10가지 방법

주식을 사는 것과 파는 것 중
어느 것이 더 중요하나요?

주식투자의 4대 요소는 종목선정, 매매타이밍, 자산배분, 리스크 관리입니다. 이 중 주식을 사는 것과 파는 것은 매매라고 하는데 이에 대한 타이밍을 정하는 것은 매우 중요합니다. 그럼 사는 것과 파는 것 중 어느 것이 더 중요할까요? 물론, 둘 다 중요합니다. 다만, 사는 것과 파는 것을 구분하여 정확히 정리해 놓는다면 매매를 할 때 매우 유익할 것입니다.

주식을 사는 것과 파는 것 중에서 파는 것이 더 중요합니다. 주식을 매매할 때 잘못 사서 손해 보는 일이 많을 까요? 아니면 잘못 팔아서 손해 보는 일이 많을까요?를 고민해 보시면 좀 더 사안을 쉽고 분명하게 구분할 수가 있을 것입니나. 다른 시각으로 보면, 주식을 사는 것과 파는 것 중 어느 것이 더 자신의 생각이 많이 들어가는지를 고려하면 이해가 더 용이할 것입니다.

참고로, 자신의 생각이 더 많이 들어간 것은 시장을 무시하게 되고 실수할 가능성이 높으며 이는 손실로 연결될 가능성이 크기 때문입니다.

주식을 매매하는 시장 참여자에는 전문가와 비전문가가 있습니다. 비전문가는 논외로 하고 전문가는 제도권 전문가와 비제도권 전문가로 구분할 수 있습니다. 제도권 전문가는 증권사 등 투자회사 및 관련 기관에서 근무하는 전문가를 말하는 것이고 비제도권 전문가는 이런 기관에 속하지 않은 전문가로 흔히 말하는 '재야의 고수'라고 할 수 있을 것입니다.

제도권 전문가는 시장을 무시하는 경향이 있습니다. 기업의 가치는 모든 요소들이 반영된 주가로 결정된다는 교과서의 말이 있는데 제도권 전문가는 현재 시장에서 형성되고 있는 가치를 인정하지 않는 경향이 있다는 것입니다. 예를 들어, '어느 기업의 주가는 현재 1만 원이지만 향후 2만 원이 될 것이니 싸니 사라'는 등의 자의적인 판단을 많이 한다는 것입니다. 이렇듯 시장을 무시하게 되면 매매타이밍을 잡지 못합니다. 그래서 제도권에서는 대부분 장기 펀드를 판매하게 되고 이에 대한 수수료 수입을 추구하게 되는 것입니다.

다소 과격한 표현이지만, 펀드 운용 기간의 하나인 3년 안에는 언젠가 자신들이 자의적으로 제시한 2만 원이 될 수도 있을 것이고 그렇게 된다면 자신들의 예측에 대해 포장하며 성공보수를 받을 것입니다. 그렇게 되지 않더라도 경제나 정치, 혹은 개별기업 탓으로 돌리고 자신들은 수수료 수입을 챙길 수 있으니 큰 문제는 없을 것입니다. 이렇듯 시장을 무시하는 단점을 가진 제도권 전문가도 장점을 가지고 있습니다.

지식기반을 가지고 있어 리스크 관리 능력이 있다는 것입니다. 손실을 볼 수 있는 상황이 발생할 때 이를 효과적으로 대처할 수 있는 방법에 대해 보다 잘 알고 있다는 것입니다. 시장을 무시하지만 리스크 관리 능력이 있는 제도권 전문가에 반해 비제도권 전문가는 시장을 존중하지만 리스크 관리 능력이 없습니다. 문제가 발생하면 대처할 수 있는 지식기반이 약해 아예 투자 기회를 잃어버릴 정도로 큰 손실을 보는 경향이 많이 있습니다. 이런 이유로 비제도권 전문가는 자신은 먹고살 수 있겠지만 자신의 지식기반을 남들에게 대량으로 서비스는 할 수가 없습니다.

정리해 보면, 제도권 전문가는 시장 무시, 리스크 관리 능력 보유, 비제도권 전문가는 시장 존중, 리스크 관리 능력 없음으로 정리할 수가 있습니다. '기업의 가치는 주가로 결정된다'는 교과서의 논리는 시장과 리스크 두 요소 중 시장과 밀접하게 관련 있습니다.

주식을 사는 것은 주식시장에서 형성된 기업의 가치를 현재 시세로 사는 것과 같아 특별히 문제가 없다고 하여도 틀린 말은 아닐 것입니다. 다만, 허위매매나 통정매매, 허위 공시 등 불법적인 방법들을 동원해 주가를 형성한 것은 예외적인 경우라고 할 수 있을 것입니다.

반면에, 주식을 파는 것은 투자자가 스스로 결정하는 경향이 많습니다. '조금 올랐으니 수익을 빨리 확보하자. 떨어지는데 더 손해 보기 전에 팔자' 등 가격적인 측면을 고려해 파는 경우가 많습니다. 또한, '이 기업은 이래서, 이 제품은 이런 이유가 있어서' 등 기업의 재료적인 측면과 '북한이 핵실험을 해서' 등 대내외 경제 및 정치 이슈들로 인한 수많은 이유들을 가지고 급하게 결정하는 경우도 많습니다.

물론, 주식을 사는 것도 동일한 일들이 반복될 수 있지만 이때는 아직 자신의 자본이 투여되지 않은 상태라 자신의 생각이 덜 개입된 상태에서 시장 자체를 산다고 볼 수 있습니다. 일단 자본이 투여되고 나면 그것으로 인해 자신의 생각이 더 많이 개입되어 부화뇌동하며 주식을 파는 경향이 많은 것이 현실입니다. 이런 상황은, '주식을 잘못 사서 손해 보는 경우는 없다. 잘못 팔아서 손해 볼 뿐이다' 하는 말과 상당히 일맥상통할 것입니다.

결론적으로, 주식을 사는 것과 파는 것 중, 주식을 파는 것이 자신의 생각이 더 많이 들어갈 뿐만 아니라, 주식을 파는 것은 이익과 손실을 확정 짓는 행위가 되므로 더 중요하다고 할 것입니다.

3) 자산배분

자산배분 요령이 있다면
알려 주세요

　종목선정, 매매타이밍, 자산배분, 리스크 관리 등 투자의 4대 요소 중 가장 어려운 것은 무엇일까요? 요소 하나하나가 일반 개인이 습득하기에 매우 어렵지만 특히 가장 어려운 것은 자산배분입니다. 왜냐하면 자산배분은 인간의 탐욕과 가장 밀접한 관계가 있기 때문입니다. 그래서 자산배분은 신의 영역이라고도 합니다.

　일반적으로 개인투자가들은 투자할 때 자신이 가지고 있는 모든 금액을 투자하는 경우가 대부분이고 이도 모자라 신용이나 미수거래를 하고 난 후 잠을 못 자고 불안에 시달리는 경우가 다반사입니다. 만일, 신중한 투자가라고 가정한다면 전체 천만 원을 투자할 때 한 번에 십만 원씩 투자한다면 극단적으로, 투자할 때마다 모두 손실 본다고 하더라도 백 번의 투자 기회가 있을 것입니다. 그러나 자산배분에 대한 정확한 개념을 갖지 않고 훈련을 받지 않은 상태에서 투자한다면 처음에는 신중하게 십만 원씩 투자하다가 조금의 수익을 보게 된다면 '더 많이 투자했으면 더 많은 수익을 보았을 텐데...'하는 아쉬움에 한 번에 백만 원을 투자하게 됩니다. 이때 더 큰 손실을 보게 되면 자산배분에 대한 자신의 투자패턴이 모두 무너지게 됩니다. 투자패턴이 무너진다는 것은 곧 자산배분에 대한 자신의 원칙이 없었다는 것을 의미하기도 합니다.

자산배분을 할 때 먼저 자본의 회전율과 효율성을 고려하는 것이 중요합니다. 예를 들어, 매일 종목을 매수하되 매수한 종목의 평균 보유기간이 3일이라면 3일간 연속 매수를 할 수 있고 4일째가 되어야 첫날 매수한 종목을 매도를 하여 매수 여력이 생기는 것을 고려해 자산을 배분해야 할 것입니다. 만일, 삼천만 원을 투자한다면 한 번에 천만 원씩 투자해 3일이 되면 삼천만 원을 모두 투자하게 되고 4일째가 되면 첫날 매수한 천만 원을 매도하여 다시 매수 여력이 생기게 됩니다. 이 때 한 번에 천만 원을 투자할 경우 두 종목을 투자한다면 각 5백만 원씩 자산을 배분하면 될 것입니다.

종목선정, 매매타이밍, 리스크 관리 등 다른 투자요소들도 자산배분과 매우 밀접한 관계에 있습니다. 종목선정 시 몇 종목을 선택하느냐에 따라 자산배분이 달라집니다. 한 번에 최적의 매수타이밍을 잡는 것은 매우 어려우므로 매수타이밍이라고 판단될 때 당 회에 자산배분 금액의 50%를 투자하고 더 좋은 타이밍이 왔을 때 추가적으로 50%를 자산배분할 수 있을 것입니다. 또는 자신의 성향에 맞게 투자타이밍이라고 판단될 때 무조건 100%를 투자하되 리스크가 부담이 된다면 자산배분 규모를 줄이면 될 것입니다.

매도의 경우도 동일한 방법으로 하되 가급적 한 번에 모두 처리하고 다음 기회를 보는 것이 더 효율적일 것입니다. 리스크 관리와 관련해서는 자산배분을 효율적으로 하는 것 자체가 리스크를 관리하는 중요한 방법이 될 것입니다.

　부연해서, 투자 시 아무리 한 번에 대박을 노리고 투자하더라도 전체 자산의 50% 이상을 투자하면 리스크가 매우 커지고 그 50%도 한 종목에 투자하면 리스크는 더욱 커지게 됩니다. 또한 장기적으로 건전한 투자를 하려면 신용이나 미수거래는 절대 해서는 안 될 것입니다.

4) 리스크 관리

주식투자를 하기 위한 4대 요소 중
리스크 관리법이 궁금합니다

주식투자에 있어 리스크 관리는 종목선정, 매매타이밍, 자산배분과 함께 투자의 4대 요소로 매우 중요합니다.

종목을 선정하고 자산배분을 하고 매수를 한 후 자신이 생각했던 것과 같은 방향으로 움직인다면 문제가 없겠지만 대부분 자신의 예상과는 다르게 움직이는 것이 주식시장이라 해도 과언이 아닐 것입니다. 리스크는 발생한 시점에 있어 일시적인 상황으로 인식하기 쉬우나 사실은 여러 행위들과 연결되어 발생하는 것입니다. 그러므로 리스크 관리를 투자에 있어 사후적으로 발생하는 개별행위로 보게 되면 리스크를 관리할 수 없다고 해도 무방할 것입니다. 이런 면에서, 리스크 관리는 발생했을 때 어떻게 관리하느냐가 중요하지만 사전에 리스크가 발생하지 않거나 줄일 수 있는 예방차원의 접근이 더 중요합니다.

대부분의 투자자들은 통제할 수 없는 시장 상황을 그때그때 보고 따라가면서 매수하거나 매도하는데 이는 리스크 관리에 대한 개념을 갖고 있지 않은 것이라 반드시 손실로 연결됩니다. 리스크를 예방하기 위해서는 종목을 매수할 때 매수하는 분명한 이유를 알고 있어야 할 것입니다.

매수할 이유에는 종목선정, 매매타이밍, 자산배분, 시장 상황 등 다양한 요소가 고려된 이유가 있어야 할 것입니다.

　매수할 이유에 대한 명확성을 위해 그 이유를 종이에 적을 수 있어야 할 것입니다. 왜 매수해야 하는지에 대한 이유는 최소 5개 이상은 적을 수 있어야 할 것입니다. 매수 이유를 적고나면 반드시 매수한 후 발생할 수 있는 개별 상황에 대해, 예를 들면 상승 시, 하락 시, 횡보 시 등 여러 상황에 대해 어떻게 대처할지 분명한 매도 시나리오를 가지고 있어야 할 것입니다. 이후, 각 개별 상황에 대해 시나리오대로 대처하면 될 것입니다. 매도 시나리오가 더 세분화될수록 리스크는 더 줄어들 것입니다. 이렇게 매수 이유와 매도 시나리오를 가지고 투자를 해나가면서 부족한 부분들을 보완해 나가면 점차 리스크 관리 능력이 향상될 것입니다.

　정리하면, 시장 상황은 통제할 수 없지만 나 자신의 투자 행위에 대해서는 통제하는 것이 가장 큰 리스크 관리라고 할 수 있을 것입니다.

3. 연결행위

1) 매매기법

매매기법이 무엇인가요?

매수와 매도, 매도와 매수 등 매매흐름에 대한 이해를 하고 이 흐름에 잘 대처하는 것이 매매기법입니다. 매매에 임할 때 매수를 하게 되면 오직 매도만 생각해야 합니다. 마찬가지로 매도를 하게 되면 오직 매수만 생각해야 할 것입니다. 그런데, 한 가지 상황에 매몰되면 이 흐름에 즉각적으로 대처하지 못하게 되고 이는 곧 손실로 연결되게 됩니다. 매수한 후 매도를 생각하지 않고 매수한 것에 대해 붙잡혀 있다든지 매도한 후 다음 매수를 생각하지 않고 잘못 매도한 것은 아닌지 계속 마음이 붙잡혀 있는 경우가 많습니다. 이는 바꿀 수 없는 환경을 바꾸려고 하는 어리석은 행위가 될 것입니다.

매수할 때는 왜 매수해야 하는지에 대한 구체적인 이유를 쓸 수 있어야 할 것입니다. 수익 볼 확률, 손실 볼 확률, 기대이익률, 수익손실레버리지 등을 구체적으로 고려하여 매수하여야 할 것입니다.

일반 투자자의 경우 대부분 시장 상황에 임기응변식으로 대처하다 보니 이런 구체적인 이유를 판단하는 것은 처음에는 매우 어려운 일일 것입니다. 하지만 장기적으로 건전한 투자 행위를 하려면 투자할 때 왜 매수해야 하는지 자신만의 분명한 이유를 쓸 수 있어야 할 것입니다. 매수할 때 사전에 매도 시나리오에 대해서도 구체적으로 쓸 수 있어야 할 것입니다. 예를 들어, 매수한 종목이 내일 상승할 경우, 횡보할 경우, 하락할 경우 어떻게 할 것인지에 대해 깊이 고민하고 미리 시나리오를 적어놓아야 할 것입니다.

이것을 반복하다 보면 어떠한 시장 상황에서도 자신이 세운 원칙에 따라 매매를 할 수 있을 것입니다. 또한, 매매 시 매매시간을 나름대로 정해놓고 매매를 해야 하고 시장 상황을 고려하여 매매하며, 단기매매를 하더라도 중·장기 흐름을 고려해야 합니다. 좀 더 부연하면, 매매 시 가격과 에너지와 수급을 세심하게 고려하여야 하고 리스크 관리와 수익 추구 중 먼저 리스크 관리에 더 큰 비중을 두고 매매를 해야 합니다.

대부분 수익 추구를 먼저 고려하는데 수익은 추구한다고 결코 얻어지는 것이 아닙니다. 수익은 자연스레 따라오는 선물이 되어야 합니다. 이를 깨닫게 되면 투자의 매력을 느낄 수 있을 것입니다. 이는 곧 자신만의 운영전략을 가진 것이라 할 수 있을 것입니다. 매매기법은 여러 가지 개별행위가 복합된 연결행위이니 언급된 내용들을 잘 이해하고 조화를 이루는 지혜가 필요합니다.

끝으로, 매매에 있어 주식시장 상황에 따라 그때그때 충동적으로 매매하는 것은 가장 경계해야 합니다. 이는 항상 투자 행위를 한 것에 대해 후회를 하다가 나중에 자기 자신의 존재감을 잃어버리게 하는 가장 큰 요인이기 때문입니다.

2) 전환과 제한

손절매는
왜 중요한가요?

주식을 매수하고 난 후에는 매도에 집중해야 합니다. 매도에는 크게 두 가지가 있습니다. 하나는 수익 실현을 위한 매도입니다. 이는 매수할 때 수익을 낼 것이란 기대감이 충족된 매도이므로 결과적으로는 가장 좋은 케이스라고 할 수 있습니다. 기대감과는 다르게 손실을 보고 매도하는 경우 손절매를 하게 되는데 매수할 때 손절매에 대한 사전 계획이 있었느냐에 따라 결과가 크게 달라집니다.

손절매에 대한 분명한 계획을 가지고 매수한 경우에는 손실이 나더라도 당황하지 않고 계획대로 매도를 할 수 있어 당장 손실이 난 것은 아쉽지만 다음 기회를 기대해 볼 수가 있습니다. 하지만 손절매에 대한 사전 계획이 없다면 손실이 날 경우 매우 당황하게 되고 막연한 기대감으로 시장에 결과를 맡기는 경우가 많아 큰 손실을 보게 됩니다. 사실, 개인 투자가의 경우 계획이 없는 경우가 많습니다. 분명한 계획을 가지고 있더라도 막상 손실을 보게 되면 계획대로 손절매를 하기 힘든 것이 일반적입니다. 그러므로 손절매에 대한 계획이 없다면 큰 손실로 연결될 수밖에 없는 결과를 예상하는 것은 그리 어렵지 않을 것입니다.

손절매의 중요성에 대해 인식하는 것은 매우 중요합니다. 손절매는 한 마디로 짜내야 하는 고름입니다. 고름을 가만히 내버려두면 더 큰 상처가 됩니다. 생각한 대로 시장이 움직이지 않고 손실이 나는데도 손절매를 하지 않고 내버려 둔다면 큰 손실이 되는 것입니다. 시장에서 수익을 낼 수 있는 투자가가 되기를 원한다면 '손절매만 잘해도 고수'라는 말을 깊이 생각해 보아야 할 것입니다.

매수 시 매도에 대한 계획을 세울 때 과거 유의미한 샘플을 유의미한 기간 동안 적용한 빅데이터를 분석하여 예측하는 프로그램을 활용할 수 있다면 수익 실현이든 손절매든 자신의 감정을 배제하고 매매를 하실 수 있을 것입니다.

매도할 때 고려해야 할 사항이 무엇인가요?

매도는 매수와 밀접한 관계가 있습니다. 매수할 때 매수해야 할 이유와 함께 매도 시나리오를 적는 것이 매우 중요합니다. 그러나 대부분의 개인 투자가는 매수해야 할 분명한 이유를 적고 투자하는 경우가 매우 드물 뿐만 아니라 매도 시나리오를 가지고 투자하는 경우는 더더욱 드뭅니다.

매도할 때 매도 시나리오 외에 시장의 흐름과 개별종목의 흐름을 고려하는 것이 또한 중요합니다. 개별종목의 가격은 고가에서 저가, 저가에서 고가로 반복하는데 종목에 따라 저점에서 수익을 내는 종목이 있고, 고점에서 수익을 내는 종목도 있습니다. 또한 같은 저가라도 시장의 흐름에 따라 시장이 고점일 때 수익을 내는 종목과 시장이 저점일 때 수익을 내는 종목별 특성이 있습니다. 매수할 때 매도의 두 가지 경우인 수익 실현과 손절매에 대한 충분한 고려를 하고 투자하는 것은 아무리 강조해도 지나치지 않을 것입니다.

부연하여, 매수 시 수익 추구와 리스크 관리 중 일반적으로 수익 추구를 먼저 고려하게 되는데 투자의 고수가 되기 위해서는 리스크를 먼저 관리하는 마인드를 가져야 합니다. 또한, 리스크 관리는 매도와 밀접한 관련이 있다는 것을 깊이 생각해야 할 것입니다.

수익은 추구하는 것이 아니라 자연스럽게 따라오는 선물이라는 것을 깨닫게 된다면 투자의 매력을 느낄 수 있게 될 것입니다.

주식시장에서 마음을 다스리는 10가지 방법

주가를 예측할 때 가장 중요한 관점은 무엇인가요?

주가를 예측할 때 크게 다섯 가지 관점으로 볼 수 있습니다.

첫째는, 가격입니다. 가격은 고점에서 저점으로 저점에서 고점으로 반복하는데 가격수준이 어느 지점에 있는지 파악하는 것이 주가예측에서 중요합니다.

둘째는, 에너지입니다. 주가는 방향성을 가지고 움직이는데 움직이는 에너지에 따라 방향이 결정되므로 가격의 흐름이 어디로 움직이고 있는지 예민하게 파악하는 것이 중요합니다.

셋째는, 수급입니다. 수급주체는 외국인, 기관, 개인, 프로그램 등 크게 네 가지로 구분할 수 있고 이들에 대한 거래량을 파악하는 것이 중요합니다.

넷째는, 펀더멘털입니다. 거시경제와 밀접하게 관련되어 있는 금리, 환율, 유가, D램, 금값 등 주요한 지표를 파악하는 것이 주가예측에 도움이 됩니다. 펀더멘털의 경우 처음에는 다소 어려워 보이나 꾸준히 파악하다 보면 주가 외의 상관관계를 파악할 수 있는 능력이 생깁니다.

마지막으로, 국내·외 정치 및 경제이슈입니다. 일반적으로 뉴스나 이슈는 주가에 단기적인 영향을 미치고 곧 가격이 원래대로 복원되는 특징이 있지만 단기간에 반복적으로 일어나게 되면 주가에 큰 영향을 미치게 됩니다. 어떤 이슈나 뉴스에 따라 단기적으로 투자하기보다는 그런 이슈나 뉴스가 주가에 어느 정도 영향력을 미치고 복원력이 얼마나 되는지를 꾸준하게 파악하는 것이 주가 예측에 중요합니다.

주가를 예측하고 매수를 할 때 대부분 수익을 추구하려고 하지만 수익 추구보다는 리스크를 관리하는 마인드를 갖는 것이 주가예측만큼이나 중요하다는 사실은 아무리 강조해도 지나치지 않을 것입니다.

위에서 언급한 다섯 가지 관점을 모두 고려하여 주가를 예측하는 것은 일반인에게는 매우 어려운 일이고 다섯 가지 관점에 대한 판단 능력이 없는 개인이 리스크를 관리하는 것은 더더욱 어려운 일일 것입니다.

다섯 가지 관점을 모두 반영한 후 유의미한 샘플을 장기간 적용하여 빅데이터를 분석할 수 있다면 주가를 예측하고 투자 의사결정을 하는데 매우 유용한 도구가 될 것입니다.

주식시장에서 마음을 다스리는 10가지 방법

3) 매매일지

매매일지를 번거롭게 꼭
써야 하는가요?

매매일지는 번거롭더라도 꼭 써야 합니다. 그런데 대부분의 투자가는 매매일지를 쓰지 않습니다. 이는 매매일지의 중요성에 대해 인식하지 못하고 있기 때문입니다. 매매일지를 쓰는 요령에 대해서 듣거나 배운 적도 없기 때문입니다.

종목선정에 대해 지속적으로 기록을 하는 것이 중요합니다. 매매내역에 대해서 지속적으로 기록을 하는 것 또한 매우 중요합니다. 종목선정과 매매내역에 대해서 기록을 하게 되면 자연히 돈의 흐름에 대해서도 기록을 하게 됩니다. 월급에 대해서는 가계부를 꼼꼼하게 쓰면서도 그보다 훨씬 큰돈을 움직이는데 기록 없이 한다는 것은 정말 아이러니한 일일 것입니다. 매매일지를 쓰지 않으면서 손실을 본 것에 대해서는 결코 남을 탓할 일이 아닐 것입니다.

매매일지를 쓰게 되면 자신이 한 매매행위에 대해 피드백을 하게 되어 자신의 매매습관을 보다 올바른 방향으로 발전시킬 수 있을 것입니다. 또한, 자신의 계획대로 매매를 할 수 있는 능력이 생기고 설사 당일 계획대로 매매하지 않았을 경우라도 매매일지를 쓰면서 문제점을 찾아내어 수정매매를 할 수 있습니다. 수정매매를 통해 예정대로 수익을 올리거나 발생할 수 있는 손실을 방지 또는 줄일 수 있는 효과를 거둘 수 있을 것입니다.

　일정한 시간을 내어 매매일지를 쓰는 것은 번거로운 일이 아니라 제대로 된 투자가가 되기 위해 반드시 해야 할 중요한 일이라는 것을 잊지 말아야 할 것입니다.

매매일지를 어떻게 써야 하나요?

매매일지에는 일자, 시장, 타이밍, 종목, 자산배분, 이유, 시간, 시나리오, 확인, 조치 등의 내용을 기록하게 됩니다.

항목별로 세부적으로 살펴보면,

① 일자: 거래 일자를 적고
② 시장: 시장 상황에 대한 분석을 적고
③ 타이밍: 예측한 대로 매매타이밍을 잡았는지 적고
④ 종목: 종목과 종목을 선정한 이유를 적고
⑤ 자산배분: 종목별로 배분한 자산규모를 적고
⑥ 이유: 매수한 근거를 적고
⑦ 시간: 사전에 정해 놓은 시간에 투자했는지 적고
⑧ 시나리오: 매수 후 매도 시나리오, 매수 시나리오를 적고
⑨ 확인: 장 종료 후 매매를 제대로 했는지에 대한 점검내용을 적고
⑩ 조치: 잘못된 판단이었을 경우 조치 내용을 적습니다.

일기를 쓰면 자신을 보다 잘 파악하고 인격이 성장하듯이 매매일지를 쓰게 되면 투자실력이 몰라보게 향상됩니다. 그러므로 매매일지의 중요성에 대해서는 아무리 강조해도 지나치지 않을 것입니다.

향후 기회가 되면 매매일지를 쓰는 요령에 대해 보다 자세하게 설명하는 시간을 갖도록 하겠습니다.

4. 매매일지 샘플

〈샘플 1〉

매일 K(전 세계 주식가격), S(수급), E(에너지), F(펀더멘털), I(국내·외 정치, 경제 이슈)를 정리하고, 정리한 내용에 대한 평가를 한다.

<샘플 2>

6. 28 (月)

R · 14500 모든 것의 기본이다.
· 원칙과 실행반이 있을 뿐이다.
· 손절매는 지내야 하는 고름이다.

K
100.40
100 ————————— 101.05 → 100.40 99.5 95 100 100 100
101.25 102.5
H: o x   C: o x   H 1 2 3 L 1 2 3 ⑤ 7 10 2 5

I B: o x   D: o x

B 6 2 15 15 6   4 4 3

E 5 20   60   0.1 M

S A ⑧ B₂ B₃ C₁ C₂ D₁ D₂ D₃ E₁ E₂ F

T E → B₁ 구매   if same ≤ D₁
   H → B, K

F 3.965 ⁄ 4.015 > ⊖250

P ⊖725   ⊖181   ⊕0.55

O 33.15 (⊖0.01)

E 1148.50 (⊖0.30)   1.2145   107.82

I 5.40 → 5.441

매일 정리하고 평가한 내용들을 누구나 사용할 수 있도록 표준화된 알고리즘을 만들기 위해 간략하게
다시 정리한다.

〈샘플 3〉

매일 정리되고 평가된 내용의 결과물인 주가를 매일 추적하여 1개월 단위로 흐름을 정리한다.

<샘플 4>

---

* 시스템 결과 : 레인지_기준선 *

연결선물지수 97/12/15 ~ 03/09/24

[전 체]

현재상태 : 평가(03/09/24)

총손익 : 26.36
총수익 : 567.18
기간 가격변화 :

총 거래 횟수 : 543
수익 거래 횟수 : 184

최대 수익 : 17.93
평균 수익 : 3.08
평균수익/평균손실 : 2.05
최대 연속수익거래 횟수 : 3
수익거래 평균 봉 갯수 : 4.1

총수익/총손실 : 1.05

미청산포함 총손익 : 26.34
총손실 : -540.83
가격변화대비 수익률 :

승률 : 33.89%
손실 거래 횟수 : 359

최대 손실 : -5.26
평균 손실 : -1.51
평균 거래손익 : 0.05
최대 연속손실거래 횟수 : 14
손실거래 평균 봉 갯수 : 2.3

[매 수]

현재상태 : 매수청산(03/09/18)

총손익 : 37.75
총수익 : 307.96
기간 가격변화 : 53.50

총 거래 횟수 : 270
수익 거래 횟수 : 95

최대 수익 : 17.93
평균 수익 : 3.24
평균수익/평균손실 : 2.10
최대 연속수익거래 횟수 : 4
수익거래 평균 봉 갯수 : 4.2

총수익/총손실 : 1.14

미청산포함 총손익 : 37.75
총손실 : -270.21
가격변화대비 수익률 : -29.43%

승률 : 35.19%
손실 거래 횟수 : 175

최대 손실 : -5.26
평균 손실 : -1.54
평균 거래손익 : 0.14
최대 연속손실거래 횟수 : 8
손실거래 평균 봉 갯수 : 2.3

[매 도]

현재상태 : 평가(03/09/24)

총손익 : -11.40
총수익 : 259.22
기간 가격변화 : -53.50

총 거래 횟수 : 273
수익 거래 횟수 : 89

최대 수익 : 14.17
평균 수익 : 2.91
평균수익/평균손실 : 1.98
최대 연속수익거래 횟수 : 4
수익거래 평균 봉 갯수 : 4.0

총수익/총손실 : 0.96

미청산포함 총손익 : -11.42
총손실 : -270.62
가격변화대비 수익률 : 78.70%

승률 : 32.60%
손실 거래 횟수 : 184

최대 손실 : -4.51
평균 손실 : -1.47
평균 거래손익 : -0.04
최대 연속손실거래 횟수 : 9
손실거래 평균 봉 갯수 : 2.4

정리하고 평가한 내용들을 근거로 만든 알고리즘을 6년간 90만 개의 빅데이터에 다양하게 적용하고 분석한 내용들을 반영하여 표준화된 알고리즘으로 만든다.

〈샘플 5〉

표준화된 알고리즘을 적용하여 나온 결과물들을 기반으로 독자적인 차트를 개발하여 주식시장의 차트와
비교함으로써 향후 시장의 흐름을 예측한다.

〈샘플 6〉

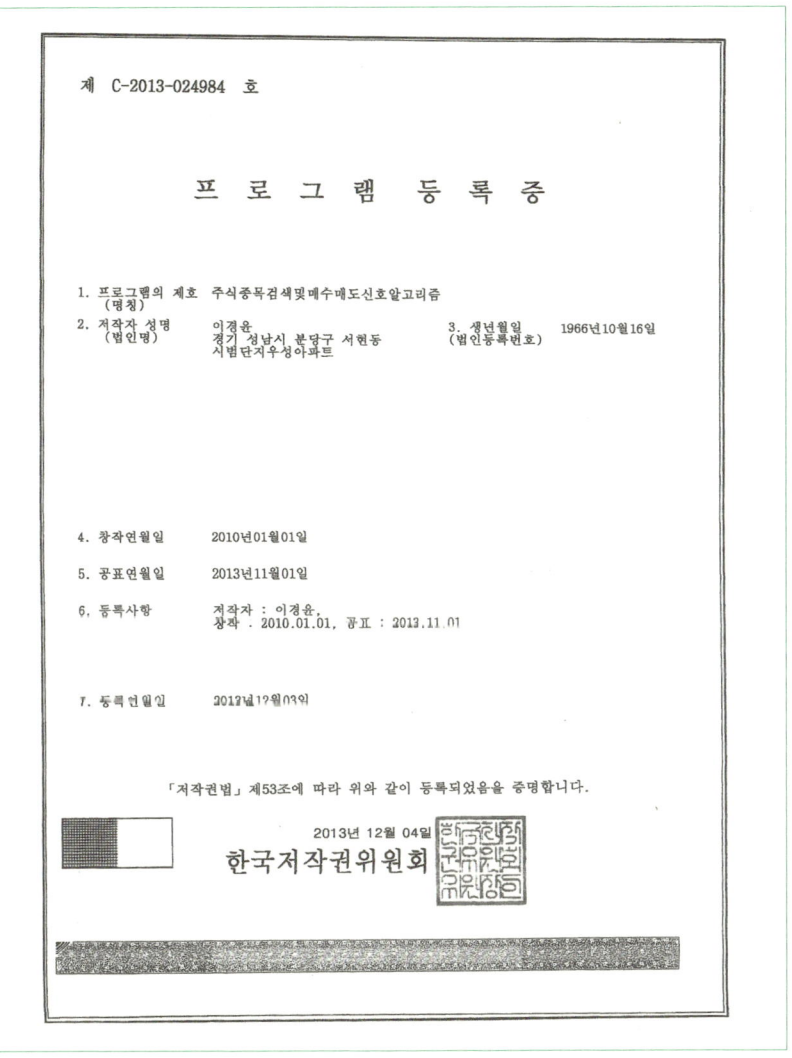

제 C-2013-024984 호

프 로 그 램 등 록 증

1. 프로그램의 제호   주식종목검색및매수매도신호알고리즘
   (명칭)
2. 저작자 성명   이경윤   3. 생년월일   1966년10월16일
   (법인명)   경기 성남시 분당구 서현동   (법인등록번호)
                 시범단지우성아파트

4. 창작연월일   2010년01월01일

5. 공표연월일   2013년11월01일

6. 등록사항   저작자 : 이경윤,
                 창작 : 2010.01.01, 공표 : 2013.11.01

7. 등록연월일   2013년12월03일

「저작권법」 제53조에 따라 위와 같이 등록되었음을 증명합니다.

2013년 12월 04일
한국저작권위원회

개관성과 재현 가능성 및 신뢰성과 정확성을 가진 표준화된 알고리즘에 대해 한국저작권위원회로부터 프
로그램등록증을 획득하여 주식투자에 관심이 있는 많은 사람들이 남의 정보를 듣는 것이 아니라 스스로
의사결정을 할 수 있도록 돕는 지식기반의 근거를 만든다.

Part 5

주식투자자
행위 메커니즘

주식투자자 행위 메커니즘

1. 행동하는 과정 이해

1) 행위의 상관관계

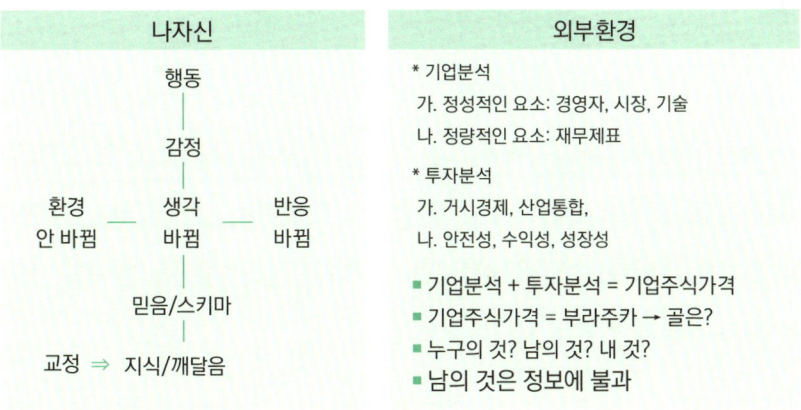

주식투자자 행위 메커니즘

나자신	외부환경

행동
|
감정
|
환경 — 생각 — 반응
안 바뀜   바뀜   바뀜
|
믿음/스키마
|
교정 ⇒ 지식/깨달음
	* 기업분석
	  가. 정성적인 요소: 경영자, 시장, 기술
	  나. 정량적인 요소: 재무제표
	* 투자분석
	  가. 거시경제, 산업통합,
	  나. 안전성, 수익성, 성장성
	
	■ 기업분석 + 투자분석 = 기업주식가격
	■ 기업주식가격 = 부라주카 → 골은?
	■ 누구의 것? 남의 것? 내 것?
	■ 남의 것은 정보에 불과

〈그림 1〉 주식투자자 행위 메커니즘

2) 나 자신에 대한 이해

사람들은 심리학적으로는 통찰, 깨달음이라고 하는 지식이 있어야 이를 기반으로 믿음과 확신을 가지게 됩니다. 지식을 기반으로 한 믿음과 확신이 있어야 이를 근거로 생각하고 감정을 느끼고 행동하게 됩니다. 아무런 근거 없이 생각하는 사람은 없습니다. 자신만의 믿음과 확신이 없으면 사람들은 생각하지 못합니다. 생각을 하면서 감정을 느끼고 느낀 감정에 의해 행위를 하게 됩니다.

나, 너, 환경이 있을 때 변하지 않는 것은 무엇일까요? 너와 환경은 바꿀 수가 없습니다. 행위로 인한 결과를 바꾸고 싶다면 나 자신이 바뀌어야 합니다. 예를 들어, 어떤 50대의 남자가 아내에게서 '당신은 다 좋은데 이런 면이 기본이 안 되어 있어요' 하는 소리를 듣는다면 그 부분의 생각과 감정과 행동을 유발하는 잘못된 지식이 내면에서 작동하고 있는 것입니다. 바로 그 부분을 찾아내어 교정한다면 잘못된 행동이 교정이 될 것입니다.

〈그림 1〉을 보면 외부의 환경은 바뀌지 않지만 나 자신이 바뀌면 감정과 행동이 바뀌게 되고 이로 인한 반응이 바뀌게 되는 것을 볼 수가 있습니다. 나 자신이 바뀐다는 것은 생각이 바뀐다는 것이고 생각은 지식과 믿음의 기반 위에서 작동됩니다. 생각이 바뀌면 감정도 행위도 바뀌게 되어 결과가 바뀌게 됩니다.

3) 외부환경에 대한 이해

　기업분석은 기업의 실체라고 할 수 있는 경영자, 기술, 시장으로 구성되어 있는 정성적인 요인과 이들 활동의 결과물을 계량화된 정량적인 요인으로 표현한 재무제표로 구성되어 있습니다. 여기서 기업의 실체와 비교하여 결과물을 정리한 재무제표는 기업의 그림자라고 할 수 있습니다.

　개인투자자의 경우 그림자인 재무제표에 대한 이해도 제대로 하기 어려운 것이 현실입니다. 기업의 실체와 재무제표를 이해하면 기업분석을 할 수 있는 능력이 생깁니다. 하지만 어려운 과정을 통해 기업분석 능력을 갖게 되었더라도 기업분석과 실제로 투자하는 것은 상관관계가 그리 높지 않습니다. 실제로 투자하는 것과 관계가 있는 것은 투자분석입니다. 투자분석은 투자한 돈이 안전해야 하는 안정성과 수익을 내야 하는 수익성, 소위 대박을 내야 하는 성장성에 대해 구체적으로 이해를 해야 합니다.

　이를 위해 거시경제, 산업동향, 기업의 본질가치 등에 대한 분석 능력을 필요로 합니다. 또한 안정성, 수익성, 성장성을 나타내는 구체적인 지표들에 대한 이해도 반드시 선행되어야 합니다. 이런 지표들에 대한 이해를 통해 현재 적정 주가는 얼마이며 시나리오별로 향후 주가는 어떤 흐름을 보일 것인지에 대한 예측할 수 있는 것이 투자분석 능력입니다.

　이런 면에서 투자분석은 개인투자자들에게는 기업분석보다 더 난이도가 높습니다. 개인투자자가 수년 혹은 수십 년 각고의 노력과 많은 비용 지불을 통해 기업분석 능력과 투자분석 능력을 갖추었다고 하면 이는 기업의 주식가격을 이해하게 된 것입니다.

주가가 단순히 어제 9천 원에서 오늘 1만 원으로 올랐다는 식의 초등학생도 알 수 있는 주가를 이해했다는 것이 아니라 1만 원을 구성하는 세부적인 부분에 대해 이해했다는 것입니다. 사실, 주가의 세부적인 부분에 대해 이해했다는 것은 개인투자자에게는 정말 대단한 성취라고 할 수 있을 것입니다. 하지만, 기업분석과 투자분석을 통해 기업 주식가격을 이해하게 되었다는 것은 축구로 말하자면 부라주카를 이해했다는 것과 마찬가지일 것입니다.

부라주카는 2014년 브라질 월드컵 공인구 이름인데 이 공이 어떤 공정을 거쳤고 가죽은 어떤 것을 사용했고 실밥 처리는 어떻게 했고, 탄성과 휘는 각도는 어느 정도인지 등에 대해 알게 된 것과 같다고 할 수 있습니다. 그러나 축구공을 이해했다는 것과 골을 넣는다는 것은 완전히 별개의 사항인 것입니다.

축구에서 골을 넣기 위해서는 드리블링이 필요한데 골을 넣는 드리블링을 가르쳐 주는 곳은 거의 없다고 해도 과언이 아닙니다. 골은 수비수들의 거센 저항을 뚫고 자신이 직접 해결해야 하는 것입니다. 마찬가지로, 기업분석과 투자분석에 대해 자신이 알았다고 해도 실제 운영을 해서 수익을 내야 하는 운영전략과 능력에 대해 가르쳐 주는 곳은 아무데도 존재하지 않는 것이 현실입니다.

4) 나 자신과 외부환경의 관계성

개인들은 기업분석과 투자분석을 할 수 있는 역량을 갖기가 매우 어려운 상황 속에서 설사 이를 이해했다고 하더라도 운영을 통해 수익을 얻는 것은 완전히 별개입니다. 이런 상황 속에서 대부분의 개인투자자들은 만나 본 적도 없고 자질을 검증할 수도 없는 남의 정보를 듣고 이 정보가 마치 나의 지식과 깨달음인 것처럼 착각을 하게 됩니다.

잘못된 지식과 깨달음을 기반으로 믿음과 확신을 부여하니 믿음과 확신이 생길 수가 없습니다. 믿음과 확신이 없으면 움직일 수 없는 존재가 사람이기에 남의 정보에 대해 믿음과 확신을 부여하는 과정 자체가 힘들게 느껴집니다. 그런데도 계속해서 믿음과 확신을 부여하고 이를 근거로 생각하고 감정을 느끼니 뿌리가 없이 나뭇잎이 나오는 것과 같고 이는 바로 불안을 야기합니다. 이런 불안 가운데 자신의 소중한 돈을 움직이게 되니 손실이 나는 것은 너무도 당연한 결과일 것입니다.

5) 투자 행위 과정 정리

외부환경에 포커스가 맞춰진 주식시장 상황 속에서 개인투자자의 내면세계에 대한 이야기는 전혀 없는 것이 현실입니다.

이런 현실 속에서 대두되는 문제점은,

① 개인투자자들은 외부환경에 대한 이해를 제대로 갖는 것이 매우 어렵고

② 이해 없이 행위를 반복하여 원치 않는 손실을 갖게 되는데

③ 더 큰 문제는 손실을 보는 자신의 행위에 대해 스스로 책임을 지지 않고 외부의 탓으로 돌리고 있을 뿐만 아니라 자신의 손실에 대해 객관적이고 논리성 있게 설명할 수 없다는 것입니다.

이는 이유를 알지 못하면서도 손실을 보는 행위를 계속 반복하게 되는 개인투자자들의 안타까운 상황을 그대로 나타내고 있는 것입니다. 이러한 상황은 왜곡된 외부환경 속에 매몰되어 나 자신의 영혼을 빼앗긴 상태, 즉 나를 잃어버린 상태로 이것이 심화되면 심각한 정신적인 질병으로 발전할 수도 있습니다.

돈을 잃어버리는 손실도 문제가 되지만 나 자신을 잃어버리는 것은 내면의 고통이 가중되어 자신뿐만 아니라 주변 가족들에게까지도 큰 고통을 주게 되며 미래에 대한 소망을 갖기 힘든 상태가 되는 것이라 할 수 있습니다. 이는 이미 사회적으로 큰 문제로 인식되고 있으며 이에 대한 근본적인 대책이 필요한 상황에 직면해 있다고 볼 수 있습니다.

2. 개인투자자의 중독화 현상

1) 투자 성적표

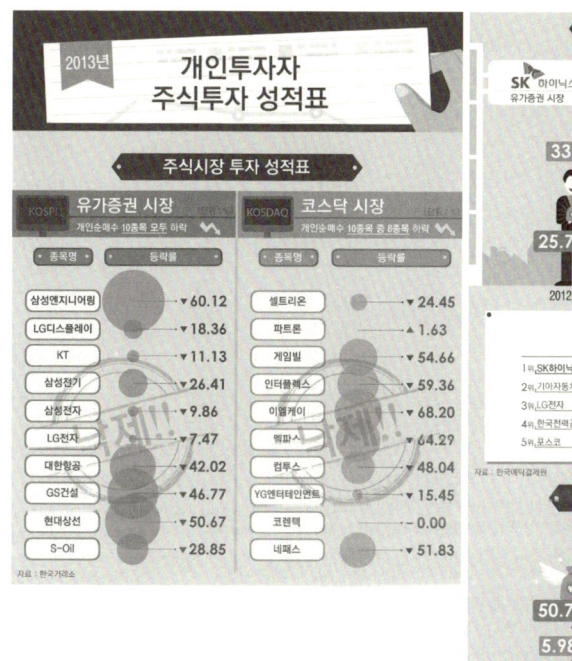

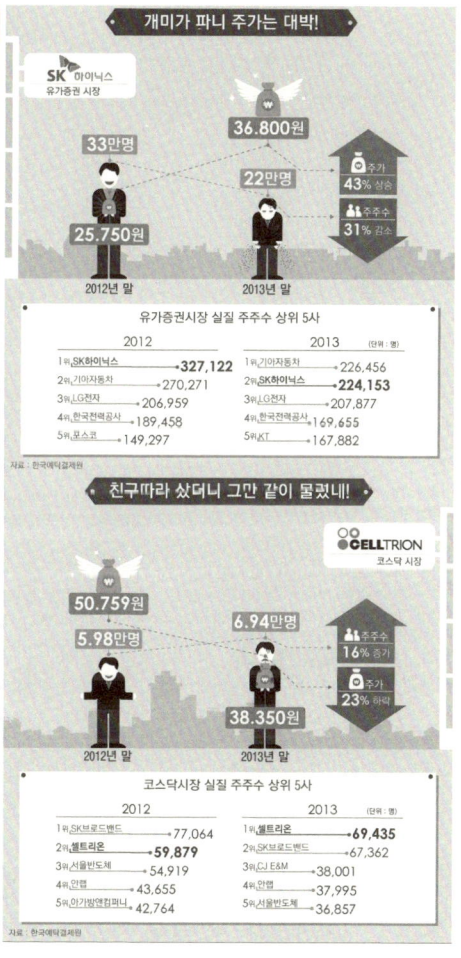

2013년도 한국거래소에서 발표한 자료에 의하면, 개인투자자들이 가장 많이 투자한 코스피 종목의 연초 주가와 연말 주가를 비교해 보니 적게는 약 7%에서 많게는 60%까지 손실이 나 있는 것을 볼 수가 있습니다. 개인들이 가장 많이 투자한 코스닥 종목의 결과도 코스피 종목과 다르지 않음을 볼 수가 있습니다.

2013년도 한국예탁결제원의 자료에 의하면, SK하이닉스의 경우 2012년도 말 주가는 25,750원이고 이때 개인투자자의 수는 33만 명이었습니다. 1년이 지난 2013년도 말 주가는 36,800원이고 이때 개인투자자의 수는 22만 명으로 1년 전보다 11만 명이 줄어든 것을 볼 수가 있습니다.

정리하면, 개인들이 투자에 참여하면 주가는 떨어지고 개인들이 팔고 떠나면 주가는 오르는 현상이 나타나는 것을 볼 수가 있습니다.

2) 중독화 현상

'Part 1. 개미의 소리'에 나온 내용 중 일부를 모아 본 내용입니다.

집 담보 대출받고 화장실 갈 시간도 없이 투자에 잡혀 있다는 내용, 실적 발표하고 주가 관리 좀 하라며 책임을 회사에 돌리는 내용, 아무런 근거도 책임도 없이 함부로 개인들의 투자 행위에 간섭하고 영향을 미치는

여웃돈을 다 잃고
집 담보대출을 받았는데
화장실 갈 시간도 없는데
모니터만 바라보고 있는데
내 증세가 심각한가요?

사장은 주가관리 좀 해라!
이게 무슨 신재생에너지주인가?
무늬는 신재생, 속살은 잡주
그런데 난 오늘도 주식중독에
빠져 매매한다.
인제 그만 뜸들이고 실적 발표
좀 해라...
진행 상황을 수시로 발표해라...

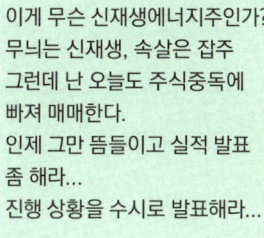

전문가는 오락가락
가슴은 쿵닥쿵닥
오르는 장에서도 손절하고
이게 뭡니까?
알콜중독은 치료가 된다덥데
주식중독은 약 먹어도 안 되고
날 구해줄 주식치유천사는
어디 없을까?

불개미들 다 타 죽는구먼
내가 뭐라카더노
들어가면 타 죽는다고 안 하더나
오늘도 용감히 돌진하거라.
용감한 불개미들이여--
육이오 때 난리는 난리도 아니네
완전 피 터지네---
주식중독 불쌍한 개미들

내가 사면 내리고
내가 팔면 오르고...
고수님들 목표 주가가 얼마나
되세요?
초보 개미인데 너무 힘듭니다.
피가 거꾸로 흐르려고 합니다.
주식에 중독돼 계속 매매하게
됩니다.
조언 부탁드립니다.

내용, 오르는 장에서도 손실을 보는 내용, 이유를 모르고 분노하는 내용 등 다양한 내용들을 볼 수가 있습니다.

이런 내용들을 통해 소위 개미라고 불리는 개인투자자들의 상황이 얼마나 안타까운지 예상하는 것은 어렵지가 않습니다. 이들의 행위는 한마디로 주식투자를 통해 내면의 불안과 고통을 느끼다가 중독화되어 가는 과정이라 할 수 있습니다.

3. 주식중독에 대한 이해

〈표 1〉 중독의 종류 도표

구분	종류	동기	사전 인지	비고
물질 감정	술, 마약	스트레스, 비생산	나쁜 것인지 인지	치유방법 정립됨 스스로 양성화 가능 고통이 대상자에 한정
행위 감정	도박, 쇼핑, 게임,성(sex)	스트레스, 비생산	나쁜 것인지 인지	치유방법 정립 중 스스로 양성화 가능 고통이 대상자에 한정
지식 행위 감정	주식매매	투자수익, 때론 생산 물질중독과 동일 동기 존재 (약 10% 정도)	주식시장 사회적 도구 나쁜 것으로 미인지 결과가 좋지 않아 중독화	미개척 분야 지식교정+상담 접목 필요 양성화 어려움 가족도 함께 대상

1) 물질중독

술이나 마약 등 물질이 감정과 결합되어 중독된 것을 물질중독이라고 합니다. 물질중독의 주된 동기는 스트레스이며 이를 해소하기 위해 술과 마약을 통해 쾌락을 얻고자 하는 것으로 생산 활동과는 전혀 상관관계가 없습니다.

물질중독의 경우 시작할 때 사전에 나쁜 것이라고 인지하고 있다는 특징이 있습니다. 물질중독은 치유방법이 정립되어 있습니다. 치유방법이 정립되어 있다는 것은 보건복지부로부터 치료를 위한 지원이 이루어지고 있다는 것을 의미합니다. 물질중독은 사전에 나쁜 것인지 알고 있었기에 스스로 양성화가 가능합니다. 양성화가 가능하다는 것은 '내가 나쁜 것을 손대어 힘들다'라고 주변 사람들에게 말하고 도움을 요청할 수 있다는 것을 의미합니다. 물질중독은 고통이 대상자에 한정되는 특징을 가지고 있습니다.

2) 행위중독

도박, 쇼핑, 게임, 성(sex) 등 행위가 감정과 결합되어 중독된 것을 행위 중독이라고 합니다. 행위중독의 주된 동기는 물질중독과 마찬가지로 스트레스이며 추구하는 것은 쾌락이며 생산 활동과는 전혀 상관관계가 없습니다. 행위중독의 경우 물질중독과 마찬가지로 시작할 때 사전에 나쁜 것이라고 인지하고 있다는 특징이 있습니다.

행위중독은 물질중독과 달리 치유방법이 정립되어 있지 않습니다. 치유방법이 정립되어 있지 않다는 것은 정부로부터 치료를 위한 지원을 전혀 받을 수 없다는 것을 의미합니다. 사실, 행위중독이란 용어는 약 30여 년 동안 토론을 거쳐 의료계에서 2년 전에 공식적인 용어로 사용하기 시작한 것으로 물질중독처럼 치료를 위해 정부의 지원을 받기까지는 상당한 시일이 소요될 것입니다.

행위중독은 물질중독처럼 사전에 나쁜 것인지 알고 있었기에 스스로 양성화가 가능하여 '내가 나쁜 것을 손대어 힘들다'라고 주변 사람들에게 말하고 도움을 요청할 수 있습니다. 또한 행위중독은 물질중독처럼 고통이 대상자에 한정되는 특징을 가지고 있습니다.

3) 주식중독

주식매매를 통해 중독이 되는 것으로 지식과 감정과 행위가 결합된 중독을 주식중독, 정확히 말하면 주식매매 중독이라고 할 수 있습니다. 다만, 여기에서 이해를 단순화하기 위해 주식중독이라고 하겠습니다.

주식시장에 참여하는 약 5백만 명 중 90% 정도가 손실을 보고 있으며 전체 투자자 중 약 20% 정도인 백만 명에 이르는 투자자가 중독화 현상을 보인다고 할 수 있습니다. 주식중독의 경우 물질중독이나 행위중독과는 여러 가지 면에서 큰 차이를 보이고 있습니다.

① 동기: 물질중독이나 행위중독은 스트레스가 동기인 반면, 주식중독은 투자수익을 얻고자 하는 순수한 동기로 시작하게 됩니다. 그리고 때로는 투자 활동을 통해 수익을 얻는 등 생산 활동과 관계가 있기도 합니다.

② 사전 인지 여부: 물질중독과 행위중독은 처음부터 나쁜 것인지 알고 시작하지만 주식중독은 나쁜 것인지 인지하지 않고 시작하게 됩니다. 사실, 주식시장은 선도 아니고 악도 아니며 사회적으로 유용한 도구로 나쁜 것이 아닙니다. 다만, 결과적으로 중독화가 되는 경향이 있습니다.

③ 양성화: 주식중독은 물질중독이나 행위중독과는 달리 양성화가 매우 어렵습니다. 주식시장 자체가 나쁜 것이 아니고, 사전 동기도 대부분 수익을 얻기 위한 순수한 동기로 시작했기에 '내가 나쁜 것에 손을 댔다가 힘이 드니 도와달라'고 도움을 요청하기가 어렵습니다. 정부에서도 주식시장을 관리할 뿐만 아니라 매일 뉴스와 언론을 통해 주식시장 현황을 발표하기에 개인들은 원치 않는 손실로 매우 힘든 상황임에도 어디에도 이야기할 수가 없게 됩니다. 이런 이유로 '나쁜 것에 손댔기 때문에 힘들다'라는 심리학적인 일반 논리가 주식시장에서는 적용하기가 어렵습니다.

④ 고통의 대상: 주식중독은 물질중독이나 행위중독과는 달리 고통이

대상자 자신뿐만 아니라 가족 전체에 해당한다는 특징이 있습니다. 주식투자자들의 대부분은 가족들에게 숨긴 상태에서 대부분 상당한 돈을 손실 보게 되는데다 가족 모르게 주식으로 인해 상당한 부채를 안고 있는 경우가 많습니다. 한계에 이르러 이러한 사실이 드러났을 때 가족들이 받는 충격은 매우 큽니다. 돈의 손실로 인한 충격도 크지만 가족 간의 신뢰가 무너지는 고통은 정말 돈으로 환산할 수 없는 큰 손실입니다. 가족에게 숨기고 빚을 내는 무리한 주식투자로 자살을 하고 가족이 해체되는 이야기는 이제 더 이상 특별한 뉴스가 아니게 되었으니 안타까운 일입니다.

⑤ 치유방법: 정부로부터 지원을 받을 수는 없지만 물질중독처럼 치료방법을 정립할 수가 있습니다. 물질중독이나 행위중독은 생물학적인 부분이 상당히 영향을 미칩니다. 즉, 중독화가 이루어지는 과정을 보면 자신의 의지와는 상관없이 몸이 중독을 부른다는 것입니다. 그러므로 자신의 의지로 치료한다는 것은 상당히 어렵고 일시적으로 치료하였다고 하더라도 재발될 가능성이 매우 높은 것이 일반적입니다. 하지만 주식중독은 몸이 부르는 것이 아니라 잘못된 지식에 의해 발생하므로 이를 교정하면 의지적으로 치료할 수가 있습니다. 의지적으로 치료할 수 있다는 것이 물질중독이나 행위중독과 가장 큰 차이가 있다고 할 수 있습니다.

4. 지식기반 비교

<표 2> 지식기반 비교 도표

구분	정신과의사	주식시장전문가	심리상담사	주식심리상담사
주식시장 이해도	없음	있음	없음	있음
인지행동 이해도	혼재	없음	있음	있음
병리현상 이해도	있음/ 처방 가능	없음	있음/ 처방 못함	있음/처방 못함
진단 프로그램	없음	없음	없음	있음
중독예방 S/W	없음	없음	없음	있음
세부상담 프로그램	없음	없음	없음	있음 주식심리상담사 역할은 세부상담프로그램 운영이 목적

·병리현상 대상자: 10% · 정신건강의학과 의사와 제휴

1) 주식시장 이해도

  주식시장 전문가는 주식시장에 대한 이해도가 있으나 정신과 의사나 심리상담사는 주식시장 이해도가 없습니다.

  주식심리상담사는 주식시장 이해도가 있습니다.

2) 인지행동 이해도

심리상담사는 인지행동 이해도가 있고 주로 생물학적인 부분을 다루는 정신과 의사는 최근 들어 인지행동에 대한 이해도를 가지려는 경향이 나타나고 있지만 주식시장 전문가는 인간의 내면세계인 인지행동에 대한 이해도가 없습니다.

주식심리상담사는 인지행동 이해도가 있습니다.

3) 병리현상 이해도

생물학적인 부분과 밀접한 관련이 있는 병리현상에 대해 정신과 의사는 이해도가 있으며 처방도 가능하지만 심리상담사는 병리현상에 대한 이해도가 있지만 처방은 하지 못합니다. 주식시장 전문가는 병리현상에 대한 이해도가 없습니다.

주식심리상담사는 심리상담사와 마찬가지로 병리현상에 대한 이해도는 있지만 처방은 하지 못합니다. 참고로 병리현상은 주식중독자의 약 10% 정도가 대상자입니다.

4) 진단 프로그램

주식투자자에 대한 진단 프로그램은 심리상담 매뉴얼은 정신과 의사, 심리상담사 모두 없고 주식시장 전문가도 없습니다.

주식심리상담사는 자가 진단과 세부 진단 프로그램을 가지고 있습니다. 진단을 통해서 주식투자자의 상태를 정확하게 평가한 후 문제점을 보완하며 투자를 계속해도 좋은지 주식투자를 잠시 중단하고 회복하는 과정을 거칠지 다음 방향을 정하게 됩니다.

5) 중독예방 S/W

주식투자자에 대한 중독예방 S/W는 정신과 의사, 심리상담사 모두 없고 주식시장 전문가도 없습니다.

주식심리상담사는 중독예방 S/W를 가지고 있습니다. 중독예방 S/W는 602일 간 90만 개 데이터를 분석하여 만든 표준화된 알고리즘으로 주식투자자가 건강하게 계속 투자를 하는데 도움을 줍니다.

6) 주식심리상담 매뉴얼

주식심리상담 매뉴얼은 정신과 의사, 심리상담사 모두 없고 주식시장 전문가도 없습니다.

주식심리상담사는 주식심리상담 매뉴얼을 가지고 있습니다. 주식심리상담사의 주된 역할은 주식심리상담 매뉴얼을 운영하는 것입니다.

memo

Part 6

주식투자자 심리 진단

주식투자자 심리 진단

1. 목적

주식투자로 인해 원치 않는 고통을 받는 사람들의 상태를 진단하는 것.

주식투자에 참여한 대다수는 수익을 목적으로 참여하였으나 참여자의 90% 이상 손실을 보고 있습니다. 문제는 이러한 손실을 가족을 포함한 어느 누구에게도 말하지 못해 고통받고 있는 것이 현실입니다. 대부분 고통의 원인을 투자 행위의 결과적으로 나타나는 투자손실로 보고 있지만 사실은 외부환경에 대한 자신들의 잘못된 행위와 내면상태가 밀접하게 연결되어 있습니다.

진단을 통해 자신의 행위와 자신의 행위와 연결된 내면상태가 어떤 상관관계가 있는지에 대한 결과를 정확히 파악하는 것이 중요합니다. 이를 근거로 문제점을 보완하여 계속 투자할 것인지 아니면 주식투자를 잠시 끊고 재활한 후 다시 투자할 것인지를 결정하도록 도와주는 것이 진단의 목적입니다.

2. 개발 배경

1) 주식시장의 특징

① 경제주체인 기업이 자본을 조달하는 곳으로 정부가 운영을 감독하는 공공재 성격
   : 주식시장이 없으면 기업이 자본을 원활하게 조달하기 어렵습니다.
② 선도 아니고 악도 아니며 사회적으로 매우 유용한 경제적 도구
   : 주식시장 자체는 유용한 도구이나 시장 참여자의 잘못된 행위가 문제입니다.
③ 전문성이 요구되는 곳이지만 일반인은 전문성을 쌓을 수 없는 곳
   : 지식기반 없는 일반인은 10년 이상 거래해도 대학 교과서의 일부 내용을 파악하는 수준에 머무르게 됩니다.
④ 자신의 결정이 아닌 남의 이야기만 듣고 참여하여 피해 보는 곳
   : 대부분 책임지지 않는 전문가의 말과 자신의 탐욕이 결합하여 참여하게 됩니다.

⑤ 탐(탐욕), 진(분노), 치(어리석은 판단)가 지배하는 곳

  : 판단 능력 없이 참여하여 손실 본 자신에 대한 부정적인 사고가

   지배하게 됩니다.

2) 중독성

① 게임의 3요소가 주식시장에 완벽하게 존재

  ex) 캐릭터(상장기업), 시나리오(매일 시장 오픈), 아이템(주가 변동)

  : 게임의 3요소에 돈이 오고가므로 중독성이 매우 강합니다.

② 물질 중심의 가치관에 가장 큰 영향을 미치는 단기적인 돈거래가

  상시 존재

  : 공휴일 외에는 주식시장이 열리지 않는 날이 없습니다.

③ 지식기반이 없어도 누구나 될 것 같은 분위기 존재

  : 주식을 사서 오르면 번다는 단순해 보이는 이분법적인 사고로 접

   근합니다.

④ 대부분 손실을 보지만 금세 만회할 것 같은 분위기

  : 손실을 보게 되면 그것을 만회하기 위해 미수나 신용을 쓰는 등

   빚을 내서라도 더 많은 자금을 투여하게 됩니다.

⑤ 책임을 지지 않는 많은 전문가들이 상시적으로 시장 참여를 유도

  : 고객이 참여해야만 전문가들은 수수료 수입을 얻게 됩니다.

3) 사회적 분위기

① 나쁜 것인 술, 도박, 담배와는 달리 주식시장은 사회적으로 유용한
　도구
　　: 주식시장은 사회에 꼭 필요한데 참여자들의 잘못된 행위로 부정
　　적 분위기가 팽배한 곳입니다.
② 정부, 언론 등에서 대중적으로 주식투자자에 대한 진단 및 회복 운
　동을 전개하기 힘든 분야
　　: 기존에 진단 및 회복프로그램이 존재하지 않았으며, 건강한 투자
　　자가 많아지는 효과가 있음에도 불구하고 자칫 시장 참여를 부정
　　하는 부작용을 낳을 수도 있습니다.
③ 가족에게도 알리지 못하고 고통받는 사람들이 매우 많음
　　: 할 수 있을 것이라 생각했기에 자신이 지식이 부족하고 어리석다
　　는 것을 인정하기 어려워 수익을 본 것은 이야기해도 손실을 본 것
　　은 이야기하지 못합니다.
④ 전문 주식심리 진단 및 상담센터가 존재하지 않는 실정
　　: 본능과 감정이 중독된 술, 마약 등은 치유센터가 존재하지만 주
　　식중독은 지식과 감정이 중독된 상태입니다.

　주식중독은 대상자가 겉으로는 정상적인 사회생활도 가능하고 주식
에 대한 상당한 정보나 경험을 가지고 있는 경우도 많아 상담자가 되기

위해서는 주식시장 및 기업 자체에 대한 전문적인 지식기반을 가지고 있어야 할 필요성이 있습니다. 이런 면에서 주식중독 대상자들을 상담할 전문가를 키우는 것은 매우 어려운 실정입니다. 전문가를 키우기 어려운 실정이기에 주식투자자의 상태를 진단해야 하는 개념 자체가 없었고 당연히 진단을 위한 프로그램은 없는 상태입니다.

3. 진단의 필요성

1) 특성

① 지식과 감정이 결합된 중독

　ex) 술, 도박은 본능과 감정이 결합

　: 술, 도박 등은 나쁜 것인 줄 알면서도 신체적으로 중독되어 부정적인 감정과 행위를 유발하게 됩니다. 반면 주식중독은 주식시장 자체에 대한 이해 없이 참여했다가 손실을 보게 되면 주식시장 자체에 대한 왜곡된 인식을 갖게 됩니다. 왜곡된 인식을 갖게 된 이후에는 오로지 손실만을 만회하려는 단기적인 투기행위의 반복으로 중독에 빠지게 됩니다.

② 주식투자자에게 신뢰감을 줄 수 있는 진단 프로그램 요구

　: 주식시장의 언어로 표현되어 투자자에게 익숙한 느낌을 주면서

투자자의 행위와 내면의 상태를 세밀하게 파악할 때 그 결과에 대해 대상자가 신뢰를 가집니다.

③ 주식투자자를 압도하는 관련 전문지식을 반드시 요구

: 주식매매 중독의 경우 신체적인 중독이 아니라 잘못된 지식 기반에 의한 중독이고 대상자 대부분이 자신이 지식기반이 있다고 확신하고 있습니다. 이러한 대상자들에게는 객관성과 재현 가능성 및 신뢰성을 가지고 있는 진단 및 세부 상담 프로그램이 있어야 영향력 행사가 가능합니다.

④ 올바른 지식을 갖게 되면 의지적으로 치유 가능

: 술, 도박, 마약처럼 주식매매 중독의 경우도 개인의 의지로는 끊기가 어렵게 보이나 주식중독은 잘못된 지식과 왜곡된 경험에 의한 중독입니다. 이는 올바른 진단과 세부 상담 프로그램을 통해 생각의 변화를 가질 수 있도록 도와줄 수가 있어 의지적으로 치유가 가능합니다.

⑤ 주식중독을 사전에 예방하여 올바른 투자자로 인도

: 주식투자자의 대부분은 계속적으로 투자 행위가 가능한 상태이나 일정 기간이 지속되면 저절로 주식중독에 빠지게 됩니다. 이런 악순환을 방지하기 위해 진단을 통해 정확한 상태를 파악하고 파악된 결과를 근거로 중독을 예방하고 올바른 투자자가 될 수 있도록 도와주게 됩니다.

2) 수많은 대상자

올바른 지식기반 없이 주식투자에 참여하고 있다는 자체가 미래의 손실과 고통을 예방하는 차원의 점검 및 진단이 필요한 상태입니다.

- 주식투자로 고통받았거나 받고 있는 사람
- 주식투자로 원치 않는 손실을 보고 있는 사람
- 주식투자에 관심이 많으나 참여가 두려운 사람
- 주식투자와 관련된 모든 사람

3) 전문성 보유

진단 및 세부 상담 프로그램 진행을 위해서는 관련 분야 저작권 및 프로그램 등록증이 필요합니다. 이런 객관적인 증거가 진단과 세부 상담 프로그램의 객관성, 재현 가능성, 신뢰성을 줄 수가 있습니다.

관련분야 저작권 및 프로그램 등록증은 'Part 8. 주식심리상담사 소개'를 참조하시기 바랍니다.

4. 자가 진단

1) 구성

- 자신, 가족, 외부환경 등에 관한 자신의 감정적인 부분에 대한 문항
  으로 구성
- 내면 및 외면의 심리상태를 함께 파악하는 30개 항목으로 구성
- Yes 또는 No 로 응답

2) 자가 진단 질문지

〈주식중독 자가 진단 질문지〉

다음 질문이 자신에게 해당되면 Yes 해당되지 않으면 No를 택하시오.

1. 본업에 영향을 받으면서 주식투자로 시간을 보낸 적이 있는가?( )

2. 주식투자로 가정생활에 소홀하거나 어려움을 느낀 적이 있는가?( )

3. 주식투자 하는 것을 가족에게 숨긴 적이 있는가?( )

4. 주식매매를 하지 않으면 초초하고 불안함을 느낀 적이 있는가?( )

5. 경제적인 문제나 빚을 해결하기 위해 주식투자를 했던 적이 있는가?( )

6. 주식투자로 인해 당신이 발전할 수 있는 기회를 뺏긴 적이 있는가?( )

7. 주식투자 손실을 가능한 빨리 주식투자로 만회하겠다고 충동을 느낀 적이 있는가?( )

8. 주식투자로 수익을 올린 뒤 더 많이 투자하겠다는 충동을 느낀 적이 있는가?( )

9. 주식투자를 위해 신용 또는 미수거래 등 돈을 빌린 적이 있는가?( )

10. 주식투자를 위해 돈이 될 만한 것들을 판 적이 있는가?( )

11. 화장실 갈 시간도 없이 주식투자에 붙잡혀 있은 적이 있는가?( )

12. 주식시세를 볼 때 과도한 기대감이나 조마조마한 마음을 가진 적이 있는가?( )

13. 주식투자로 잠을 못 이룬 적이 있는가?( )

14. 주식투자로 부부싸움이나 가족 간에 의견 대립을 가진 적이 있는가?( )

15. 주식투자로 한밑천 잡겠다는 강한 충동을 느낀 적이 있는가?( )

16. 주식투자 때문에 자살이나 자해를 생각한 적이 있는가?( )

17. 주식시세를 보지 않으면 불안함을 느낀 적이 있는가?( )

18. 주식투자로 정상적인 생각을 하기 힘든 경험을 한 적이 있는가?( )

19. 주식투자로 직장생활이나 본연의 일에 심각한 영향을 받은 적이 있는가?( )

20. 주식매매를 잠시 중단하기로 결심했다가 바로 매매를 다시 한 적이 있는가?( )

21. 주식투자를 한 후 후회한 적이 있는가?( )

22. 자신의 생각과는 다르게 주식매매를 한 적이 있는가?( )

23. 손해를 보는 경우 반드시 만회하겠다는 강박관념으로 매매한 적이 있는가?( )

24. 주식투자로 자신의 신뢰도에 나쁜 영향을 받은 적이 있는가?( )

25. 주식투자를 위해 과도한 대출을 받은 적이 있는가?( )

26. 주식매매를 하면서 쾌감을 느낀 적이 있는가?( )

27. 대형주보다는 급등락이 심한 소형주만 골라서 투자한 적이 있는가?( )

28. 자신의 투자실력에 대해 과도하게 자랑한 적이 있는가?( )

29. 자신은 수익났다고 이야기하며 다른 사람에게 절대 주식투자하지 말라고 한 적이 있는가?( )

30. 인터넷이나 TV에서 주식시세를 보면 불안감을 느낀 적이 있는가?( )

3) 평가

① 30개 항목 중

　·Yes 해당 개수가 9개 이상일 경우부터 상담이 필요한 상태

　·Yes가 9개 이상이면 정상적 생활 가능하나 상담이 필요한 상태

　·Yes가 12개 이상이면 정상적 생활 가능하나 전문적 상담이 필요한 상태

　·Yes가 15개 이상이면 정상적인 생활이 어려워 전문적 상담 후 치료가 필요

② 각 항목별로 우울, 불안, 분노, 내성, 회피, 굴복, 반격, 장애의 8가지 상태와 5가지 행위 메커니즘 평가하여 상관관계 파악

③ 평가 결과를 통해 세부 진단의 필요성 파악

4) 자가 진단 평가 사례

주식중독 자가 진단 질문지

저작권 등록증 제 C-2013-025332 호
저작권 등록증 제 C-2014-003553 호　　일시: 2014년 3월 19일
저작권 등록증 제 C-2013-024984 호　　성명: 박○○

다음 질문이 자신에게 해당되면 Yes 해당되지 않으면 No를 택하시오.
1. 본업에 영향을 받으면서 주식투자로 시간을 보낸 적이 있는가?(Y)
2. 주식투자로 가정생활에 소홀하거나 어려움을 느낀 적이 있는가?(N)
3. 주식투자하는 것을 가족에게 숨긴 적이 있는가?(Y)
4. 주식매매를 하지 않으면 초초하고 불안함을 느낀 적이 있는가?(N)
5. 경제적인 문제나 빚을 해결하기 위해 주식투자를 했던 적이 있는가?(Y)
6. 주식투자로 인해 당신이 발전할 수 있는 기회를 뺏긴 저이 있는가?(Y)
7. 주식투자 손실을 가능한 빨리 주식투자로 만회하겠다는 충동을 느낀 적이 있는가?(Y)
8. 주식투자로 수익을 올린 뒤 더 많이 투자하겠다는 충동을 느낀 적이 있는가?(Y)
9. 주식투자를 위해 신용 또는 미수거래 등 돈을 빌진 적이 있는가?(Y)
10. 주식투자를 위해 돈이 될 만한 것들을 판 적이 있는가?(N)
11. 화장실 갈 시간도 없이 주식투자에 붙잡혀 있는 적이 있는가?(N)
12. 주식시세를 볼 때 과도한 기대감이나 조마조마한 마음을 가진 적이 있는가?(Y)
13. 주식투자로 잠을 못 이룬 젓이 있는가?(Y)
14. 주식투자로 부부싸움이나 가족 간에 의견 대립을 가진 적이 있는가?(Y)
15. 주식투자로 한 밑천 잡겠다는 강한 충동을 느낀 적이 있는가?(N)
16. 주식투자 때문에 자살이나 자해를 생각한 적이 있는가?(N)
17. 주식시세를 보지 않으면 불안함을 느낀 적이 있는가?(N)
18. 주식투자로 정상적인 생각을 하기 힘든 경험을 한 적이 있는가?(N)
19. 주식투자로 직장 생활이나 본연의 일에 심각한 영향을 받은 적이 있는가?(N)
20. 주식매매를 잠시 중단하기로 결심했다가 바로 매매를 다시 한 적이 있는가?(Y)
21. 주식투자를 한 후 후회한 적이 있는가?(Y)
22. 자신의 생각과는 다르게 주식매매를 한 적이 있는가?(Y)
23. 손해를 보는 경우 반드시 만회하겠다는 강박관념으로 매매한 적이 있는가?(Y)
24. 주식투자로 자신이 신뢰도에 나쁜 영향을 받은 적이 있는가?(Y)
25. 주식투자를 위해 과도한 대출을 받은 적이 있는가?(Y)
26. 주식매매를 하면서 쾌감을 느낀 적이 있는가?(N)
27. 대형주 보다는 급등락이 심한 소형주만 골라서 투자한 적이 있는가?(Y)
28. 자신의 투자실력에 대해 과도하게 자랑한 적이 있는가?(N)

29. 자신은 수익났다고 이야기하며 다른사람에게 절대 주식투자하지 말라고 한 적이 있는가?
(Y)
30. 인터넷이나 TV에서 주식시세를 보면 불안감을 느낀 적이 있는가?(Y)

나의 점수	
Y 18 개	N 12개

[해석]

Yes 가 9개 이상이면 정상적 생활 가능하나 상담이 필요한 상태
Yes 가 12개 이상이면 정상적 생활 가능하나 전문적 상담이 필요한 상태
Yes 가 15개 이상이면 정상적 생활 어려워 전문적 상담 후 치료가 필요한 상태

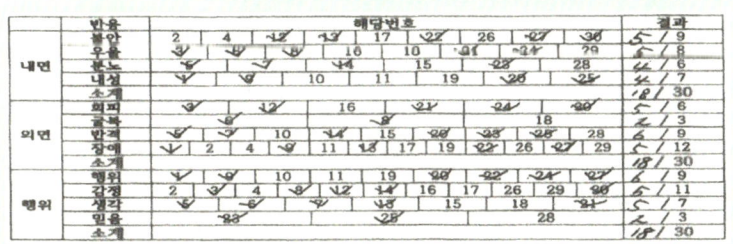

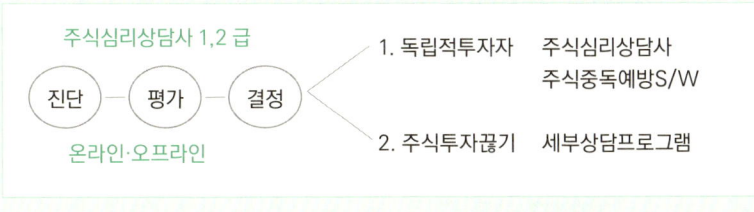

앞의 자가 진단 사례를 살펴보면, Yes가 15개 이상이면 정상적인 생활이 어려워 전문적인 상담 후 치료가 필요한데 위 내담자는 Yes가 18개로 전문적인 상담 후 치료가 필요한 상태입니다. 좀 더 세부적으로 살펴보겠습니다.

① 내면의 심리상태의 경우

: 불안, 우울, 분노, 내성이 각 50%를 넘어 매우 불안정한 상태입니다.

② 외면의 심리상태의 경우

: 회피, 굴복, 반격, 장애 또한 각 50%를 넘어 매우 불안정한 반응을 보이고 있습니다.

③ 인지행동 메커니즘의 경우

: 주식시장과 주식시장에서의 행위를 보면 잘못된 지식에 근거한 잘못된 믿음과 확신을 바탕으로 잘못된 생각이 잘못된 감정과 행동으로 연결되는 악순환에 깊이 빠져 있는 것을 알 수 있습니다.

진단에 참여한 위 내담자는 그동안 10여 년이 넘는 오랜 세월 동안 많은 돈을 허비하면서도 아직도 가능성이 있다고 믿고 있었습니다. 이런 잘못된 믿음으로 인해 자신 스스로와 가족들 모두를 힘들게 만들어 오면서도 자신의 상태에 대한 정확한 이유를 정리할 수가 없었습니다.

자가 진단을 통해 자신의 정확한 상태를 1차적으로 판단하며 손실을 보게 된 결과에 대해 정리를 할 수 있다는 가능성을 발견하게 되었습니다. 자가 진단의 내용을 근거로 내담자의 상태를 보다 분명하게 파악할 필요가 있다는 것을 인지하게 되었고 이는 세부적인 진단으로 이어질 수 있음을 나타내고 있습니다.

5. 세부 진단

1) 구성

- 항목: 10개 카테고리, 각 카테고리별 10개 문항, 총 100개 문항 및 총정리로 구성
- 외부환경: 나 자신, 기업, 주식시장의 3개 카테고리로 구성
- 개별행위: 종목선정, 매매일지, 자산배분, 리스크 관리의 4개 카테고리 구성
- 연결행위: 매매기업, 전환과 제한, 매매일지의 3개 카테고리로 구성

2) 평가

① 항목구성

: 전체 100개 문항을 카테고리와 상관없이 무작위로 섞어서 구성

② 평가방법

: 한 개 항목에 내면 및 외면의 심리상태와 인지행동 메커니즘을 함께 평가

③ 척도

: 각 항목별로 1에서 6까지의 6단계 중 선택

④ 카테고리 별 평가

: 총 60점 중 30점 이상이면 문제가 있고 30점 이하일지라도 10개 항목 중 4나 5 또는 6의 응답 항목이 1개라도 있을 경우 문제가 존재

⑤ 심리상태 및 인지행동 평가

: 10개 항목 4나 5 또는 6의 응답 항목이 3개 이상일 경우부터 상담이 필요한 상태,

해당 항목이 3개 이상이면 정상적 생활 가능하나 상담이 필요한 상태,

해당 항목이 4개 이상이면 정상적 생활 가능하나 전문적 상담이 필요한 상태,

해당 항목이 5개 이상이면 정상적인 생활이 어려워 전문적 상담 후 치료가 필요

⑥ 방향성

: 평가 결과를 통해 문제점을 보완하고 계속 투자할 것인지 아니면 투자를 잠시 끊고 재활한 후 계속 투자할 것인지에 대한 방향을 결정

⑦ 정리

: 카테고리별로 정리 후 세부 진단을 평가하여 평가된 결과를 근거
로 세부 상담 프로그램의 참여 여부를 결정

3) 세부 진단 평가 사례

〈세부 진단 및 평가 사례〉

구분		외부환경			개별행위				연결행위			합계	
		나자신	기업	주식시장	종목선정	매매타이밍	자산배분	리스크관리	매매기법	전환과제한	매매일지	점수	전체
진단 (자각 전)		36	38	37	35	39	38	37	33	39	49	381	600
상담 (자각 후)		50	59	49	50	58	47	53	57	54	54	531	600
심리 상태		7	8	7	6	8	/	/	6	9	9	73	100
내면	불안	2			3	2		1	1	3	1	13	22
	우울	4	6	3	1	2	1	3				20	25
	분노		1	2			3	1	2	2		11	17
	내성	1	1	2	2	4	3	2	2	4	8	29	36
	소계	7	8	7	6	8	7	7	5	9	9	73	100
외면	회피	1	3	2	2	3	1	4		2	1	19	27
	굴복		3	1		3		2	1	3	5	18	23
	반격		1		1	1	3		2	1	2	11	17
	장애	6	1	4	3	1	3	1	2	3	1	25	33
	소계	7	8	7	6	8	7	7	5	9	9	73	100
인지 행동	행위				1		1	1		3	6	12	18
	감정	2			1	1	3	1	2	1		11	19
	생각	2		1		1	1				1	7	12
	믿음	3		1	3	1		1	1	3	1	14	15
	지식		8	5	1	5	2	3	2	2	1	29	36
	소계	7	8	7	6	8	7	7	5	9	9	73	100

앞의 세부 진단 사례를 살펴보면, 외부환경 3개 카테고리와 개별행위 4개 카테고리 및 연결행위 3개 카테고리를 주식심리상담사와 세부 상담 프로그램을 진행하기 전(자각 전)에 진단한 결과가 381점으로 파악되었습니다. 총 점수는 600점 만점으로 숫자가 높을수록 나쁜 상태입니다.

위 세부 진단에 참여한 내담자의 경우 세부 상담 프로그램을 진행하기 전에 스스로 진단한 점수는 381점으로 이는 문제가 어느 정도 존재한다는 것을 의미하는 점수입니다. 381점에 대해 좀 더 자세히 살펴보면, 각 카테고리 중에서 매매일지 49점을 제외하고 9개 카테고리는 모두 30점대로 주식시장에서 자신의 행위에 대한 내면의 반응은 대체로 어느 정도 문제가 있는 것으로 파악되었습니다. 이런 점수대는 아주 심각한 상태는 아니라는 것을 의미하고 있습니다.

자가 진단의 점수와 비교해 보면, 이 381점이란 점수는 자가 진단의 18점과는 잘 맞지 않는 점수입니다. 왜냐하면 자가 진단의 18점은 일상생활이 어려워 전문가의 상담이 필요한 심각한 상태인데 381점은 그 정도로 심각성을 나타내는 점수는 아니기 때문입니다. 이렇게 자가 진단 점수와 세부 진단 점수가 맞지 않을 때는 세부 상담 프로그램을 통해 정확히 파악할 필요가 있음을 나타내고 있는 것입니다.

사실, 자가 진단의 18점은 세부 진단에서 400점대 후반에서 500점대 초반이 나오더라도 특별히 이상한 것이 없는 점수입니다. 그런데 381점이 나왔다는 것은 내담자가 세부 진단 질문지에 대해 응답할 때 자신의 정확한 상태가 아니라 희망사항에 대해 응답했을 가능성이 높다는 것을 보여 주고 있습니다. 이후 내담자는 세부 프로그램에 참여하기로 결정하고 매회 3시간 4회차 총 12시간을 이수하였습니다. 이 과정에서 스스로 자신의 상태를 다시 진단한 점수는 531점(자각 후)이었습니다. 이 점수는 자가 진단의 18점과 어느 정도 매칭이 되는 점수로 신뢰성이 있다고 볼 수 있습니다.

자각 후 531점에 대해 각 카테고리 별로 살펴보면, 자각 전에는 매매 일지만 빼고 대부분 문제가 어느 정도 있다는 30점대를 보여 주고 있지만 주식심리상담사와 세부 프로그램을 마친 후에는, 주식시장과 자산 배분 카테고리에서 문제가 심각하다는 것을 의미하는 40점대 후반을 보여 주고 있습니다. 나머지 8개 카테고리에서는 문제가 매우 심각하다는 것을 의미하는 50점대를 보여 주고 있는 것을 볼 수가 있습니다. 자각 전 381점에서 상담사와 세부 상담 프로그램을 이수한 후 내담자 스스로 다시 평가한 자각 후의 점수는 무려 150점이나 높아진 531점을 보여 주고 있습니다.

이 과정을 통해 내담자는 그동안 본인이 왜 그렇게 힘들었고 계속해서 손실을 보게 되었는지에 대해 비로소 이유를 알게 되었습니다. 가족들도 그동안 내담자가 겪었을 내면의 고통을 이해하게 되었습니다. 이제 서로를 이해하고 치유를 도와주며 다시금 가족의 신뢰를 회복할 수 있는 단서를 발견하게 된 것입니다. 자각 후의 결과에 대해 좀 더 자세히 살펴보면,

① 심리상태의 경우

: 전체 100개 항목 중에서 73개 항목이 문제가 있다는 것을 알게
되었고,

② 내면 상태의 경우

: 불안, 우울, 분노, 내성에 해당하는 항목의 50% 이상이 자신에게
해당되는 상태이며,

③ 외면 상태의 경우

: 회피, 굴복, 반격, 장애에 해당하는 항목의 50% 이상이 자신에게
해당되는 심각한 상태이며,

④ 인지행동 메커니즘의 경우

: 잘못된 지식 위에 잘못된 믿음과 확신을 가지고 있는데 특히 이
부문은 해당 항목 15개 중에서 14개나 해당될 정도로 심각한 상
태임을 보여 주고 있습니다. 잘못된 지식과 믿음이 잘못된 생각과
감정과 행위를 유발하고 큰 손실로 연결되었음을 분명하게 보여
주고 있습니다.

전체적으로 주식시장에서 각 카테고리별로 문제가 될 수 있는 내면의
반응이 600점 만점에 531점인데 이를 100%로 환산하면 88.5%에 해당
되는 심각한 상태입니다. 내·외면의 심리상태의 경우 또한 100가지 항
목 중에서 73개 항목이 해당되는 심각한 상태입니다. 이런 심각한 상태
임에도 불구하고 긍정적인 것은 내담자 본인이 심각한 상태라는 것을

스스로 자각하였다는 것입니다.

자신의 정확한 상태와 무엇이 문제인지를 비로소 인정하게 된 것은 회복의 시작을 알리는 분명한 신호입니다.

Part 7

마음 다스리는
세부 상담
프로그램의 성과

마음 다스리는
세부 상담 프로그램의 성과

1. 내적 성과

1) 나 자신+주식시장+경제적 싱과의 특수 관계성에 대한 올바른 이해

먼저 나 자신의 생각과 감정과 행동이 어떻게 연결되어 있는지를 이해하게 됩니다. 자신에 대한 이해를 바탕으로 주식시장 자체와 주식시장 참여자에 대한 이해를 갖게 됩니다. 그리고, 자신과 주식시장과 참여자들의 이해관계 속에서 왜 자신이 경제적 성과를 얻어야 하는지에 대한 당위성을 이해하게 됩니다.

2) 주식시장 참여에 대한 나의 감정과 행동 이해하기

종목선정, 매매타이밍, 자산배분, 리스크 관리, 매매기법 등 실제적인
참여와 관련하여 자신의 정확한 지식기반을 점검하고 문제점을 파악하
게 됩니다. 이 과정을 통해 이제껏 자신이 반복했던 감정과 행동에 대해
분석을 할 수 있는 심리적 능력이 생기고 비로소 자신을 이해할 수 있는
계기를 갖게 됩니다.

3) 감정과 행동에 영향을 주는 부정적 생각을 바꾸기

주식시장 환경 및 주식시장 참여로 인해 나에게 발생하는 부정적인 감
정과 행동에 영향을 주는 부정적인 생각들을 파악하고 바꾸게 됩니다.

2. 외적 성과

통제할 수 없는 환경과 남에게 영혼이 붙잡혀 불안, 분노, 좌절 등이
지배하던 상태에서 평안이 유지되고 나 자신이 스스로 판단하고 결정하
며 책임을 지는 건강한 삶으로 복귀하게 됩니다.

1) 올바른 투자자가 되어 건강한 일상으로 복귀

기존의 투기를 일삼던 행위를 끊습니다. 사회적으로 유용한 도구이며 공공재 성격을 가진 주식시장 전반에 대한 올바른 지식을 가지고 스스로 판단하는 올바른 투자가로 변화를 모색합니다.

2) 주식투자를 중단하고 건강한 일상으로 복귀

주식시장에 대해 올바른 이해를 가졌어도 자신의 환경과 기질을 볼 때 정확한 판단을 하게 됩니다. 자신의 투자 행위 자체가 삶에서 계속되는 손실로 연결될 것이란 분명한 확신을 가지게 되면 스스로 주식투자를 중단하고 일상으로 복귀하게 됩니다.

3) 건강한 일상에 대한 대안을 제시

자신이 영위하던 경제적인 활동으로 복귀한 후에도 일정 기간 지속적으로 모니터링하여 다시 건강하지 못한 삶으로 돌아가지 않도록 도와주게 됩니다. 필요 시 더 나아가 새로운 생업을 가지고 활동할 수 있도록 다양한 회복프로그램을 제시할 수 있는 방안을 모색하게 됩니다.

Part 8

주식
심리상담사
소개

수익모델, 진단 중심의 주식시장, 상담, 전망과 보람, 지적재산권, 비전

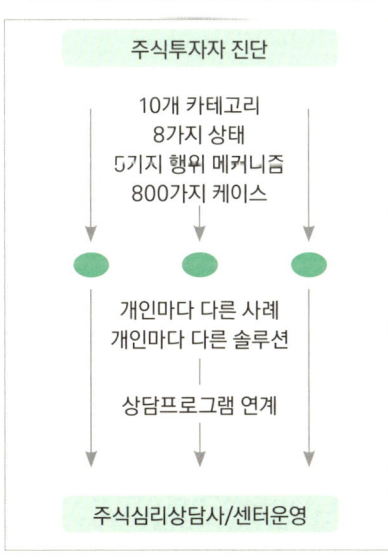

수익모델

주식투자자 진단

10개 카테고리
8가지 상태
5기지 행위 메커니즘
800가지 케이스

진단 최초 도입
온라인DB확보

주.마.다.방 강의
300여 곳 강사 등재

개인마다 다른 사례
개인마다 다른 솔루션

상담프로그램 연계

주식심리상담사/센터운영

사회공헌사업

구분	내용
상장기업	약 1,800개 회사 / 비상장 주식회사 자산 100억 이상 약 27,000개 / 벤처인증 기업 약 3만 개
주식가격총액	약 1,150조 / 외국인 약 400조(3.5%) / 국민연금 약 100조(8%)
1일거래금액	약 7조
계좌수	위탁계좌 약 1,500만 / 간접계좌 약 1,500만
참여인원	약 500만 명 / 개인이 99%

개발 과정 / 주요 연혁

- 기업분석 및 투자분석 모델 구축: 1995
- 기업투자심사모델 개발: 1999
- 자산운용시스템 및 차트 개발: 2001
- 주식시장 평가모형 개발: 2002
- 개별주가 평가모형 개발: 2007

전환기

- 주식중독예방S/W 개발: 2011
- 주식중독진단지 개발: 2013
- 주식중독치유프로그램 개발: 2013
- 주식중독예방치유센터 설립: 2013
- 이패스에프앤과 자격증과정 업무제휴: 2014
- 주식심리상담사 과정 개발: 2014
- 온라인 주식심리상담사 과정: 2014
  주식중독예방S/W

신뢰성

관련분야 지식기반 및 20년의 Know-how
- 독자적인 자산운용 전략 보유
수년간 쓴 매매일지 및 독자적인 차트개발
- 가격(K), 에너지(E), 수급주체(S), 펀더맨탈(F), 이슈(I)로 정리
6년간 90만개 데이터를 기반으로 투자패턴 개발
- 객관성과 재현가능성 확보
개발과정 및 결과에 대한 학문적 배경 및 검증
- 브라운운동, 임계질량, 블랙숄즈모형, 포트폴리오 선택이론
컴퓨터 기법 통해 빅데이터 거래 정보 분석
- 단기 300일, 중기 300주, 장기 300개월 데이터 분석
33가지 계향화된 서비스
- 예상승률, 수익률, 기대이익률, 수익/손실레버리지 등
다양한 전략에 따른 다양한 수익률 검증
- 1년 4개월간 투자실험을 통해 수익률 약 95% 달성
진단 및 세부상담프로그램과 접목   새로운 창조
- 프로그램, 저작권, 상표.서비스표 지적재산권 획득
- 국, 내외 최초의 사례

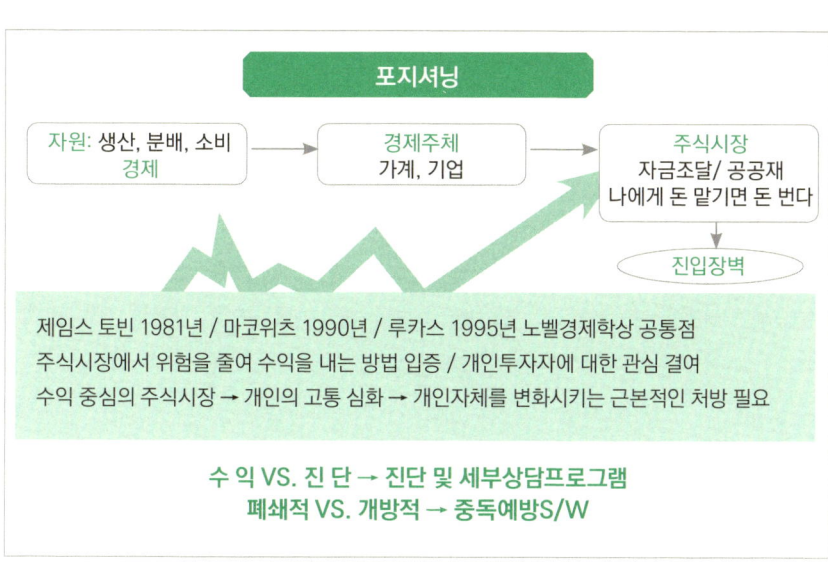

포지셔닝

자원: 생산, 분배, 소비
경제
→
경제주체
가계, 기업
→
주식시장
자금조달/ 공공재
나에게 돈 맡기면 돈 번다
→ 진입장벽

제임스 토빈 1981년 / 마코위츠 1990년 / 루카스 1995년 노벨경제학상 공통점
주식시장에서 위험을 줄여 수익을 내는 방법 입증 / 개인투자자에 대한 관심 결여
수익 중심의 주식시장 → 개인의 고통 심화 → 개인자체를 변화시키는 근본적인 처방 필요

수 익 VS. 진 단 → 진단 및 세부상담프로그램
폐쇄적 VS. 개방적 → 중독예방S/W

수익 중심의 주식시장: 구조적인 불안

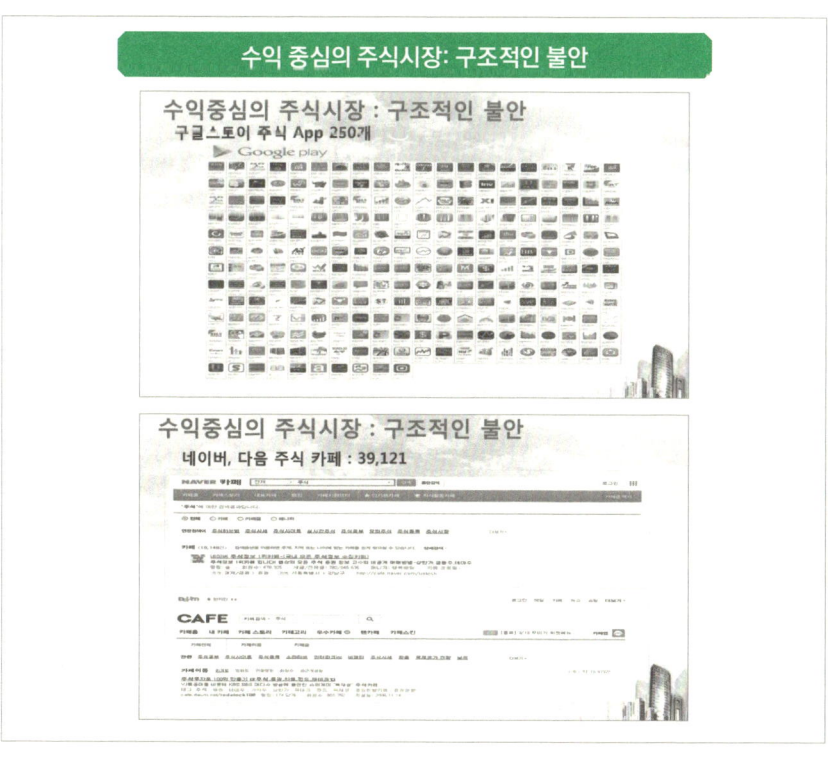

진단 중심의 주식시장: 대안 제시

App 및 온라인 채널 개발, 배포(유·무료)
→1년 이내 100만 명 회원 확보

개인투자자 자체에 대한 근본적인 변화
투자자, 상장기업, 증권회사, 정부 모두 이득

개방형 주식시장 도래

상담 목표

◉ 변화

　가. 올바른 지식습득
　나. 사고와 감정과 행위의 선순환
　다. 생각 알아채기와 이득 찾기
　라. 탐. 진. 치 제어
　마. 의료적인 부분 판단 근거 파악

◉ 건강한 일상으로 복귀

　가. 올바른 투자가
　나. 주식투자 끊기
　다. 대안 제시

◉ 복귀 후 피드백

주식심리상담사 정책방향

구분	현재	방향성
주식 시장	책임지지 않는 전문가에게 돈을 맡기는 방식 수익 중심의 패쇄적 구조	투자자 스스로 판단하여 투자 하는 방식 수입의 한 축 + 진단 및 치유의 한 축 = 균형을 이룬 개방형 구조
자격증	기존투자상담사 성숙기 진입 응시자수 감소추세 　14만 434명(2011) 　12만 1,876명(2012) 　10만 3,281명(2013)	주식심리상담사시대 흐름에 호응하는 새로운 자격증으로 부상
정책 방향	기존투자상담사 금융회사 입사 후 추가 자격시험 응시	행위중독전문가를 국가 유망 신직업의 하나로 선정 육성 (고용노동부 2014. 3. 21)
고객	472만 명(2012)	주식투자로 고통받고 있는 사람 주식투자와 관련한 모든 사람 472만 명 + 가족

2015 16대 유망 시험인증서비스

구분	서비스명	구분	서비스명
1	대용량 에너지저장장치(ESS) 안전성 시험	9	나노구조를 가진 탄소복합물질 평가
2	국가기간산업 기능안전성 시험인증	10	M2M 기반 사물통신 상호운용성 시험
3	스마트 에코 빌딩 시험인증	11	감성 고효율 반도체 조명의 시험평가
4	웨어러블 스마트 디바이스 시험인증	12	바이오융합 소재 평가
5	용량별 무선충전 시험인증	13	건강한 국가실현을 위한 중독평가
6	글로벌 규제 대응 자동차 부품 시험인증	14	3D 프린팅 시험인증
7	원격 융합 의료기기 안전성 시험	15	실도로 배기규제 및 미량유해물질 시험
8	극한환경 조선 · 해양플랜트 기자재 시험	16	철도 부품의 신뢰성 평가

* 출처: 한국기술표준원

주식심리상담사의 보람

동기만족	도덕적 동기 + 경제적 동기 + 지식적 동기 모두 만족 좋은 일하고 + 돈벌고 + 주식시장과 사람 잘 알게 됨
느낌 만족	고통 받는 사람을 상담 → 삶의 보람을 느낀다. 사람을 돕고 살리면서 → 나 자신 또한 힘을 얻는다. 경제적인 성과 → 너무 감사하다. 하는 일에 대해 전문성을 인정받아 → 자랑스럽다. 시장을 선점하는 Frontier 입장에 서다 보니 → 기대감이 크다.
상담사례	**[부산 김선미씨 사례] 5년간 5억 정도 손실** ·남편이 아내를 돌이키려고 모든 노력을 기울였으나 실패 후 수 차례 이혼 요구 ·자녀를 생각해 지푸라기 짚는 심정으로 센터 방문 후 진단 및 세부 프로그램 이수 ·5년 동안 못한 것을 5주 만에 해결하여 자신의 가족 4명의 생명을 구했다고 감사 ·아이들도 이제 부모님이 이혼하지 않는다고 좋아함 상담자로서 정말 큰 보람을 느낌
부가 효과	함께 주식 했던 타 고객소개, 처분 주식에 대한 대안 제시, 경험이 스승/동료로 흡수

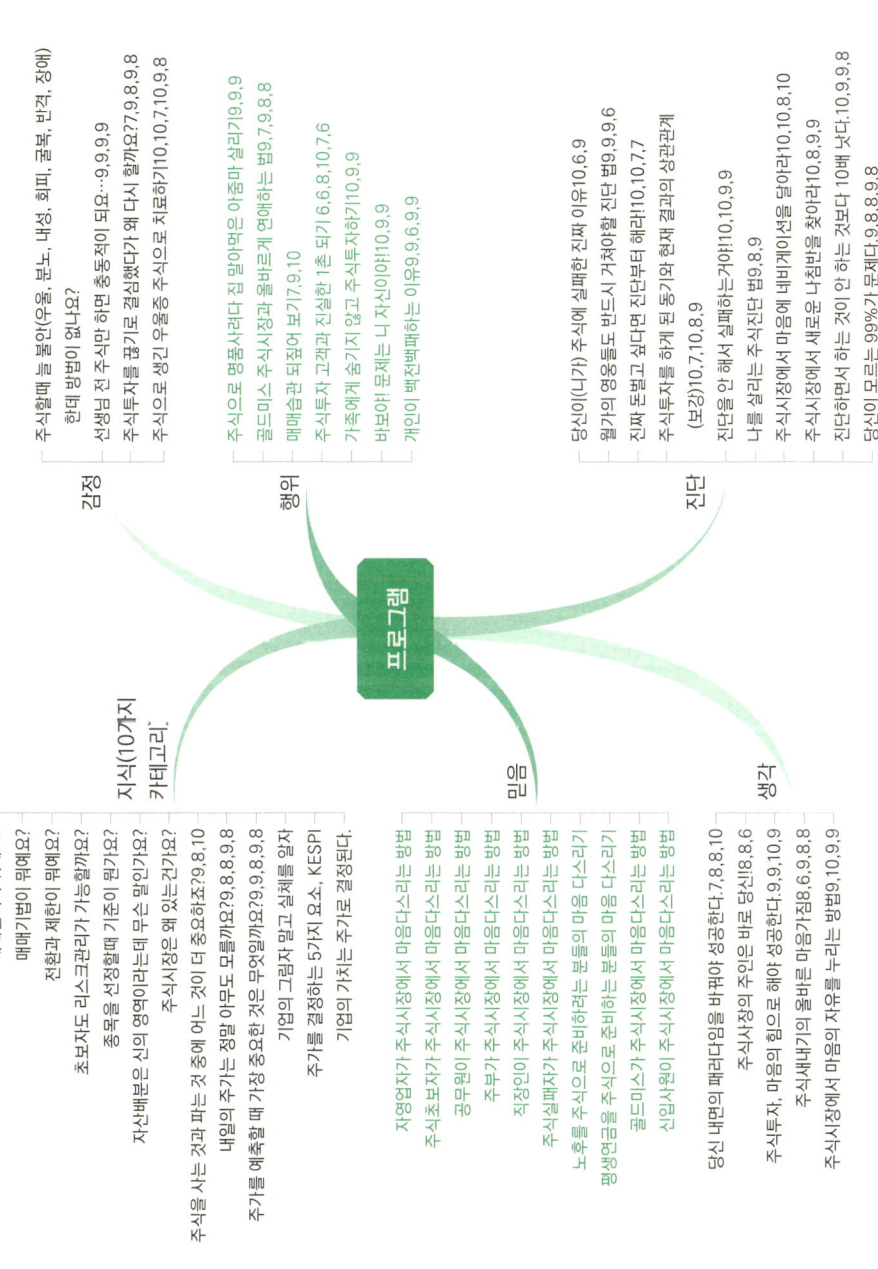

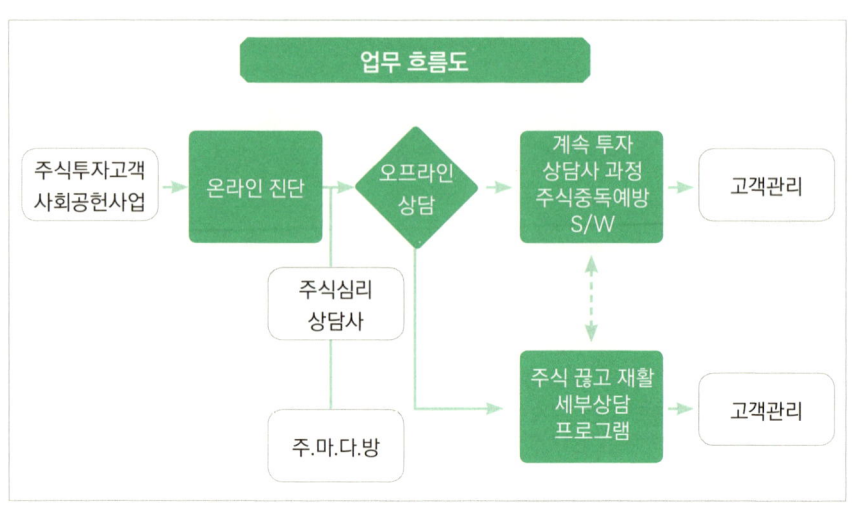

업무 흐름도

주식투자고객
사회공헌사업 → 온라인 진단 → 오프라인 상담 → 계속 투자 상담사 과정 주식중독예방 S/W → 고객관리

주식심리 상담사

주.마.다.방 → 주식 끊고 재활 세부상담 프로그램 → 고객관리

〈기회 vs. 법〉 수익 중심의 주식시장에 진단의 개념 최초 도입

저작권 등록 주식심리/중독진단질문지
주식상담/중독세부 프로그램
주식중독예방 S/W프로그램
주식심리상담사 과정
기업경영진단 및 평가프로그램
기업가치컨설턴트 과정

상표 등록 주식심리(금융/교육/훈련/방송 등 87개 분야)
주식중독(금융/교육/훈련/방송 등 58개 분야)
주마다방(금융/교육/훈련/방송 등 87개 분야)

자격 과정 주식심리상담사
기업가치컨설턴트

사업 진행 단계

프로그램 개발	오프라인 검증	온라인 구축	저변확대	사회공헌
·자가 및 　세부질문지 ·상담프로그램 ·자격증 과정	·진단활동 ·상담프로그램 운영 ·센터 운영 ·자격과정 운영 ·주마다방 강사등재 ·출판	·온라인 진단 ·온라인상담사 과정	·주마다방 강의 ·대학과 산학구축 ·B2B 고객확보 ·B2C 고객확보	·지자체 연계 ·(사)주식심리상담사협회 ·기업의 사회적책임연계 　(상장기업, 증권회사)

업 무 협 약 서

성남시사회복지협의회(이하 "갑")와 ㈜JJLIFE(이하 "을")는 성남시민의 복지와 공익을 증진하기 위하여 다음과 같이 업무협약을 체결한다.

제 1 조 (목적)

본 업무협약서는 성남시민의 급격히 증가하는 복지에 대한 수요와 시민의 욕구실현에 필요한 재원마련을 위해 복지기관과 기업의 상호협력과 재능기부를 통한 공익증진을 목표로 복지인식확대와 건강한 기부문화의 조성 및 확산을 목적으로 한다.

제 2 조 (운영원칙)

양 단체는 상대방의 규정을 최대한 존중하면서 필요한 별도의 규정을 마련하여 공동사업을 진행한다. 사업을 통해 모아진 기금에 대한 일체의 권한은 "갑"의 규정과 권한으로 행사하며, 기금을 확보하는 과정에 필요한 제규정은 "을"의 권한아래 상호 협의하여 결정한 방법으로 진행함을 원칙으로 한다.

제 3 조 (협약내용)

1. "갑"과 "을"은 성남지역의 복지를 위해 사용되어질 기금의 마련을 위해 서로 적극적으로 협력한다.
2. "갑"과 "을"은 기금마련을 위한 구체적인 사업으로 아래와 같이 "을"의 사업내용과 관련하여 진행한다.
   (1) 주식심리상담사
   (2) 기업경영진단사
   (3) 위 (1)항과 (2)항과 관련된 제반사업
3. "갑"은 공동사업의 원활한 진행과 목표달성을 위해 "을"의 활동을 적극 지원하고 사업의 대상이 되는 지역 내 주민과 기업, 단체에 대한 홍보를 지원하고 대행한다.
4. "갑"과 "을"은 상호간의 신의성실의 원칙을 지키며 지역사회발전과 사회공헌에 공동 협력한다.
5. 본 협약서에 명시되지 않은 사항은 상호합의하에 별도의 규정을 통해 명시한 후 진행한다.

제 4 조 (협약의 효력)

1. 본 협약은 서명 후 2년간 유효한 것으로 하며, 어느 일방에 의한 약정의 해지에 대한 의사표시가 없는 한 2년간 자동 연장되는 것으로 한다.

2015년 3월 6일

성남시사회복지협의회 회장

조승문 (인)

㈜제이아이제이라이프

이경윤

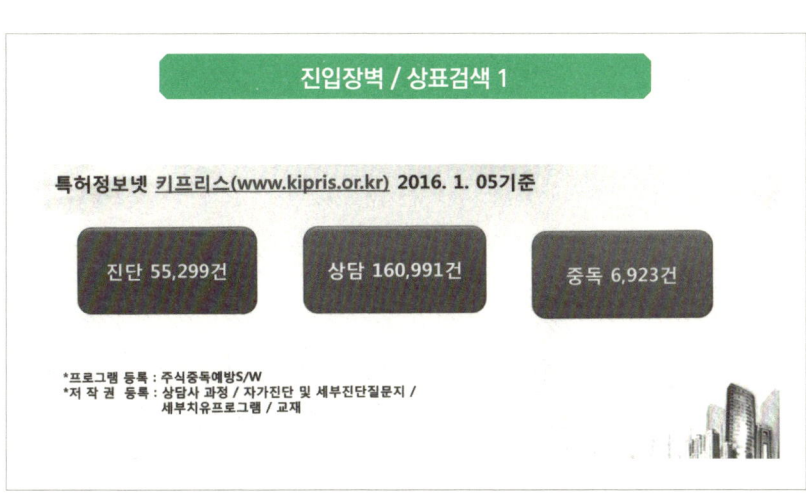

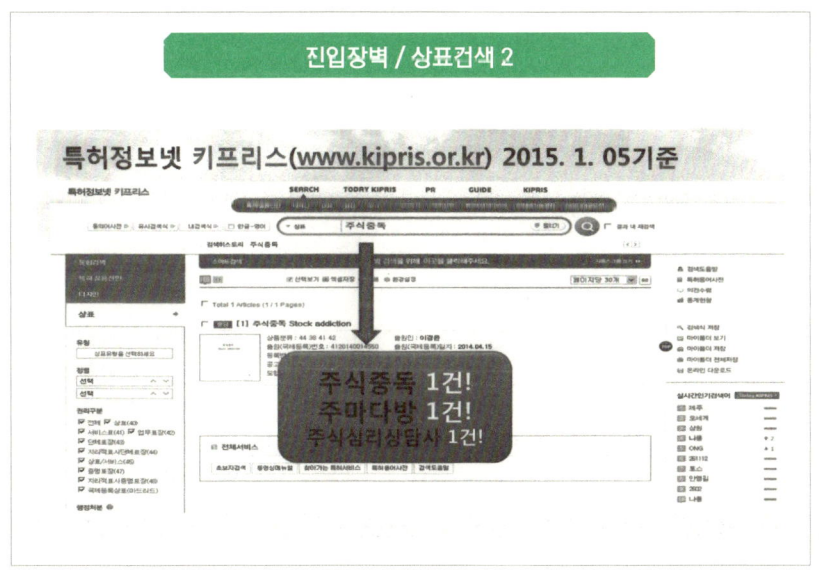

지적재산권1(주식심리상담사과정 저작권)

제 C-2015-004152 호

저 작 권 등 록 증

1. 저 작 물 의
   제 호(제 목)   주식심리상담사과정

2. 저 작 물 의
   종 류   편집저작물>교육교재

3. 저 작 자
   성 명 (법인명)   이경윤   4. 생 년 월 일 1966년10월16일
                    경기도 성남시 분당구 중앙공원   (법인등록번호)
                    로

5. 창 작 연 월 일   2014년09월01일

6. 공 표 연 월 일   2014년12월02일

7. 등 록 사 항   저작자 : 이경윤,
                    창작 : 2014.09.01, 공표 : 2014.12.02

8. 등 록 연 월 일   2015년02월25일

「저작권법」 제53조에 따라 위와 같이 등록되었음을 증명합니다.

2015년 02월 25일

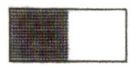 한국저작권위원회

지적재산권2(주식중독진단질문지 저작권)

제 C-2013-025332 호

저 작 권 등 록 증

1. 저 작 물 의
   제 호(제 목)　　주식중독진단질문지

2. 저 작 물 의
   종 류　　편집저작물

3. 저 작 자
   성 명 (법인명)　　이경윤　　　　　　　4. 생 년 월 일 1966년10월16일
   경기 성남시 분당구 서현동 시범   (법인등록번호)
   단지우성아파트

5. 창 작 연 월 일　　2013년11월01일

6. 공 표 연 월 일　　2013년11월26일

7. 등 록 사 항　　저작자 : 이경윤,
   창작 : 2013.11.01, 공표 : 2013.11.26

8. 등 록 연 월 일　　2013년12월06일

「저작권법」 제53조에 따라 위와 같이 등록되었음을 증명합니다.

2013년 12월 06일

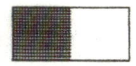 한국저작권위원회

제 C-2014-003553 호

저 작 권 등 록 증

1. 저 작 물 의   주식중독상담 및 치유프로그램
   제 호(제 목)

2. 저 작 물 의   편집저작물>가이드북
   종   류

3. 저 작 자   이경윤   4. 생 년 월 일   1966년10월16일
   성 명 (법인명)   경기 성남시 분당구 서현동 시범   (법인등록번호)
                   단지우성아파트

5. 창 작 연 월 일   2013년11월01일

6. 공 표 연 월 일   2013년12월01일

7. 등 록 사 항   저작자 : 이경윤,
                   창작 : 2013.11.01, 공표 : 2013.12.01

8. 등 록 연 월 일   2014년02월14일

「저작권법」 제53조에 따라 위와 같이 등록되었음을 증명합니다.

2014년 02월 14일

 한국저작권위원회

제 C-2013-024984 호

프 로 그 램 등 록 증

1. 프로그램의 제호   주식종목검색및매수매도신호알고리즘
   (명칭)
2. 저작자 성명   이정윤   3. 생년월일   1966년10월16일
   (법인명)   경기 성남시 분당구 서현동   (법인등록번호)
                   시범단지우성아파트

4. 창작연월일   2010년01월01일

5. 공표연월일   2013년11월01일

6. 등록사항   저작자 : 이정윤,
                창작 : 2010.01.01, 공표 : 2013.11.01

7. 등록연월일   2013년12월03일

「저작권법」 제53조에 따라 위와 같이 등록되었음을 증명합니다.

2013년 12월 04일

한국저작권위원회

제 C-2015-002701 호

저 작 권 등 록 증

1. 저 작 물 의   기업경영진단 및 평가프로그램
   제 호(제 목)

2. 저 작 물 의   편집저작물
   종   류

3. 저 작 자   이경윤   4. 생 년 월 일 1966년10월16일
   성 명 (법인명)   경기도 성남시 분당구 중앙공원   (법인등록번호)
                 로

5. 창 작 연 월 일 2003년03월01일

6. 공 표 연 월 일 2003년07월01일

7. 등 록 사 항   저작자 : 이경윤,
                  창작 : 2003.03.01, 공표 : 2003.07.01

8. 등 록 연 월 일 2015년02월04일

「저작권법」 제53조에 따라 위와 같이 등록되었음을 증명합니다.

2015년 02월 04일

 한국저작권위원회

<주식중독/주식심리상담사/주마다방> 상표등록출원 서비스표 등록대상

주식중독 36,38,41,42류, 주식심리상담사 / 주마다방 36,38,41,42,44류

36류

금융 또는 재무에 관한 상담업, 금융 또는 재무에 관한 정보제공업, 금융관련 컨설팅업, 금융자산운용업, 금융정보제공업, 금융투자주선업, 무선단말기를 통한 주식중개업, 무선통신을 이용한 금융정보제공업, 무선통신을 이용한 증권중개업, 무선통신을 이용한 증권투자상담업, 자본투자상담업, 자본투자업, 주가지수선물옵션 거래업, 주식 및 채권 중개업, 주식/증권시장 정보제공업, 증권중개업, 증권투자상담업, 펀드투자대행업, 자산관리를 위한 재무자문업, 재무관리업, 재무상담업, 재무설계자문업, 재무정보제공업, 재무평가업, 증권의 재무관리업

38류

위성통신 및 텔레비전방송업, 데이터통신업, 라디오통신업, 메세지발송업, 무선데이터통신업, 무선전화통신업, 무선통신업, 음성메일서비스업, 인터넷을 이용한 데이터통신업, 인터넷을 이용한 동영상 전송업, 인터넷을 이용한 메세지 및 화상 송신업, 인터넷을 이용한 영상 및 음성전송업, 컴퓨터통신업, 텔레비전통신업, 통신망을 통한 데이터베이스 정보 송수신업, 교육방송업, 라디오방송업, 무선인터넷방송업, 인터넷 교육방송업, 인터넷라디오방송업, 인터넷방송업, 텔레비전방송업

41류

교육정보제공업, 사회봉사관련 교육지도업, 세미나 준비 및 진행업, 심리상담학원경영업, 온라인교육시험업, 위성통신강좌업, 인터넷교육강좌업, 인터넷교육지도업, 인터넷을 이용한 교육시험업, 인터넷통신학원경영업, 직업교육훈련지도업, 카운셀링학원경영업, 회의 준비 및 진행업, 게임서비스업, 게임정보제공업, 온라인 게임 서비스업

42류

게임소프트웨어개발업, 컴퓨터게임소프트웨어개발업

44류

병원업, 외래진료업, 원격의료서비스업, 의료상담업, 의료업, 의료정보제공업, 건강관리업, 건강상담업, 건강진단업, 방문심리치료업, 병리실험서비스업, 병의원업(치과업 제외), 스트레스진단업, 스트레스치료업, 신경정신과업, 심리상담치료업, 심리치료업, 의료목적의 스트레스 관리업, 의료목적의 행동분석업, 의료상담업(치과업 제외), 의료장비 임대업, 의료클리닉업, 의사 및 기타 전문 의료종사자에 의해 제공되는 의료보조상담업, 의학분야 뉴스 및 정보제공업, 임상 데이터의 수집/검토/분석 및 보고업, 정신과검사업, 정신치료업, 중독치료업, 집단심리치료상담업, 치료 서비스업, 한방건강관리업, 한방물리치료업, 한방의료업, 한의원업

서비스표권 등록

주식중독 서비스표 등록결정(금융/학습/통신/교육/의료 등) 총 38개 부문 중 23건

서비스표등록증
CERTIFICATE OF SERVICE MARK REGISTRATION

등 록
Registration Number
제 41-0330284 호

출원번호
Application Number
제 41-2014-0051633 호

출원일
Filing Date
2014년 12월 11일

등록일
Registration Date
2015년 08월 24일

서비스표권자 Owner of the Service Mark Right
이경윤(661016-1******)
경기도 성남시 분당구 중앙공원로 54, 시범 220동 206호(
서현동, 우성아파트)

주식중독
stock addiction

서비스표를 사용할 서비스업명 및 구분
List of Services
제 36 류
금융 또는 재무에 관한 상담업등 25건

위의 표장은 「상표법」에 따라 서비스표등록원부에 등록되었음을
증명합니다.
This is to certify that, in accordance with the Trademark Act, a service mark
has been registered at the Korean Intellectual Property Office.

2015년 08월 24일

특허청장
COMMISSIONER,
THE KOREAN INTELLECTUAL PROPERTY OFFICE

최 동 규

7조원 5백만 명 주식시장 진출 근거
주무부처 금융위원회 자격증이 의미
온라인 플렛폼(www.jmdb.co.kr)과 매칭

[붙임] '15년 제2-11차 민간자격 등록요건 검토 결과

1. 신청기관

신청기관명 : 주식회사제이아이제이라이프

대 표 자 : 이겸윤

2. 신규등록 대상 종목

주무부처	등록번호	자격명칭	등급
금융위원회	2015-003686	주식심리상담사	2급,1급

기업의 실제진단 및 평가 근거
주무부처 산업통상자원부 자격증
등록번호 2015-005677

[붙임] '15년 제05-11차 민간자격 등록요건 검토 결과

1. 신청기관

신청기관명 : 주식회사제이아이제이라이프

대 표 자 : 이경윤

2. 신규등록 대상 종목

주무부처	등록번호	자격명칭	등급
산업통상자원부	2015-005677	기업가치컨설턴트	2급,1급

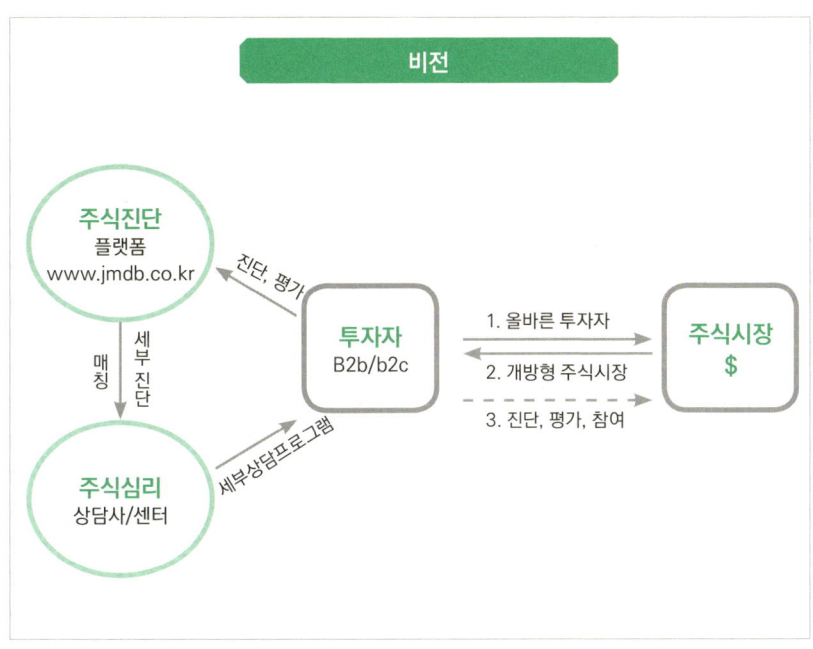

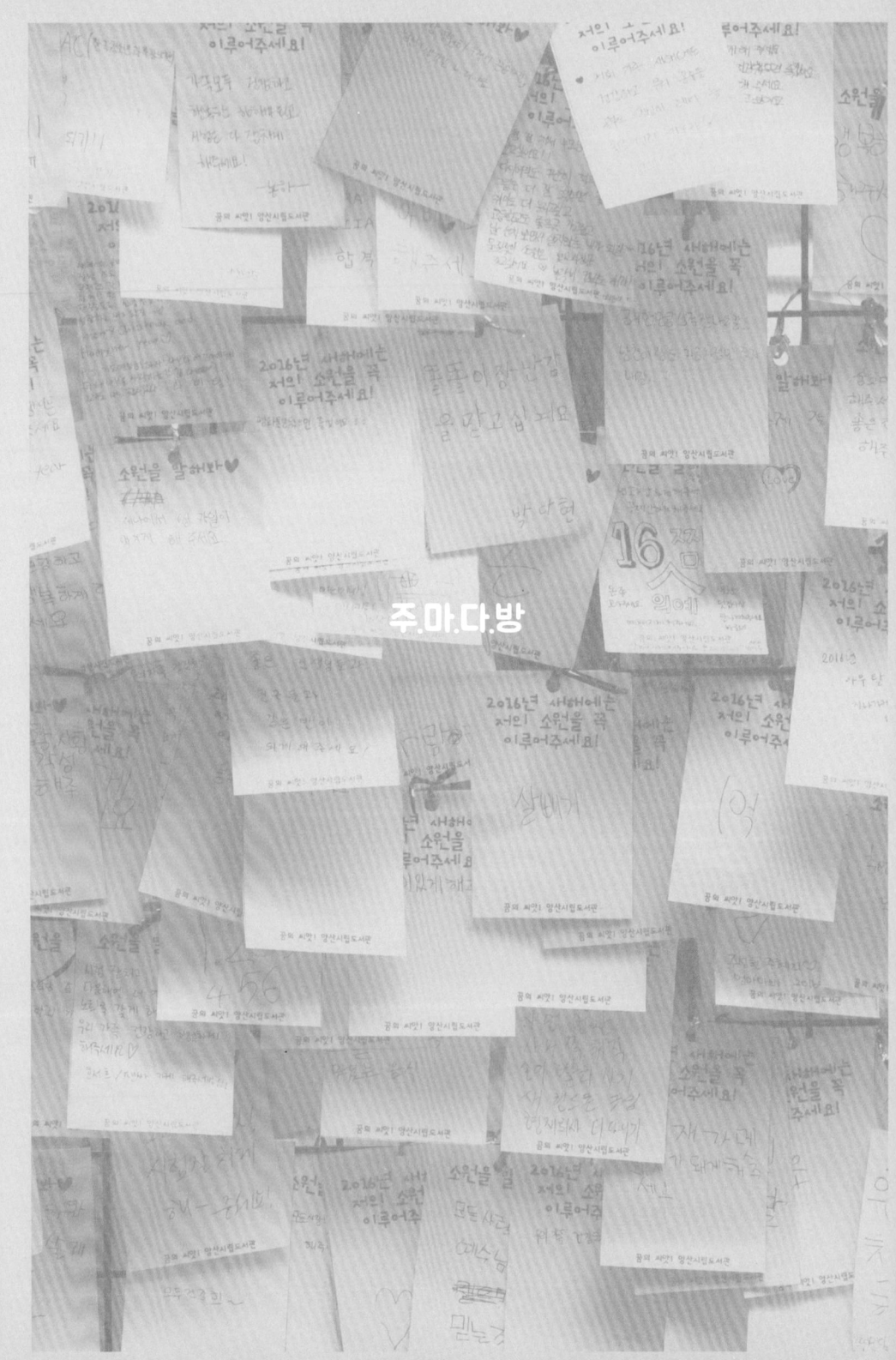